高职高专财务会计类专业精品规划教材

会计基本技能训练

（第二版）

王　娟　祁金祥 ■ 主　编
王海萍　李亚微 ■ 副主编

清华大学出版社
北　京

内容简介

本书是按照政府、行业、企业、院校合作发展职业教育的思路拓展开发的高度仿真会计技能实训教材。本书本着“项目导向、任务驱动”原则设计一系列工作情境，从一个中小型办公用品生产型企业的会计人员在会计工作过程中所需要的各种基本技能出发，组织教材内容：第一篇是会计基础技能训练；第二篇是会计实务技能训练；第三篇是会计相关技能训练。为了丰富书面教材的内容，本书还提供了课件、教案、视频、货币识别竞赛习题及答案等教学资源。

本书可作为高职高专院校经济管理类专业的技能课程教材，也可作为高职高专院校会计技能大赛和银行业务综合技能大赛的训练辅导教材，还可作为会计从业人员的培训教材或自学参考书。

图书在版编目（CIP）数据

会计基本技能训练/王娟，祁金祥主编. —2版. —北京：清华大学出版社，2018（2021.10重印）
（高职高专财务会计类专业精品规划教材）
ISBN 978-7-302-48621-3

Ⅰ. ①会… Ⅱ. ①王… ②祁… Ⅲ. ①会计学－高等职业教育－教材 Ⅳ. ①F230

中国版本图书馆CIP数据核字（2017）第256924号

责任编辑：左卫霞
封面设计：于晓丽
责任校对：袁 芳
责任印制：杨 艳

出版发行：清华大学出版社
网 址：http://www.tup.com.cn， http://www.wqbook.com
地 址：北京清华大学学研大厦A座　　邮 编：100084
社 总 机：010-62770175　　邮 购：010-62786544
投稿与读者服务：010-62776969，c-service@tup.tsinghua.edu.cn
质量反馈：010-62772015，zhiliang@tup.tsinghua.edu.cn
课件下载：http://www.tup.com.cn，010-83470410
印 装 者：北京鑫海金澳胶印有限公司
经 销：全国新华书店
开 本：185mm×260mm　　**印 张：**18　　**字 数：**324千字
版 次：2013年10月第1版　2018年2月第2版　　**印 次：**2021年10月第5次印刷
定 价：46.00元

产品编号：075476-02

第二版  

《会计基本技能训练》一书自2013年10月出版以来，承蒙读者的厚爱，取得了较好的使用效果。经国务院批准，从2013年8月开始，在全国范围实施交通运输业和部分现代服务业的营业税改征增值税试点工作；从2014年1月1日起，将试点内容扩大到铁路交通和邮政业服务；自2014年6月1日起，又将电信业服务纳入试点范围；并于2016年5月1日起全面实行“营改增”。自2018年5月1日起，根据《财政部 税务总局关于调整增值税税率的通知》（财税〔2018〕32号），纳税人发生的增值税应税行为或者进口货物，原适用17%和11%税率的，税率分别调整为16% 和10%。税收法律、法规及部分会计准则也有重大变化，这些政策和税法的变化虽然在教材每次重印时都做了修改，但仍有必要对原来的教材进行全面更新。为此在清华大学出版社的支持下，编者对教材进行了修订，以体现最新的法规变化。

另外，为深化人才培养模式改革，弘扬劳动光荣、技能宝贵的时代风尚，不断提高学生的实践能力和创新能力，全国高职高专院校积极投身职业院校技能大赛，会计及相关技能大赛中开设了点钞、真伪币识别、传票算等个人单项技能竞赛，本教材在修订中充分融合会计、银行业务综合等技能大赛的规程要求，来编排教材内容。

再版后的《会计基本技能训练》在第一版的基础上做了如下修订。

（1）理论知识部分的编写思路、体例不变，知识点在原有的基础上进行适当增删。第三篇按照最新政策法规予以全面修订；删除附录1和附录2的内容。

（2）任务3.1中涉及2015年版人民币的内容全部进行修订。

（3）教材中涉及营业税的内容和发票全部进行修订，起用最新增值税税率，体现税制改革的新变化。

（4）融合会计及银行业务综合技能大赛的规程要求，增加相应的电子习题训练资源，并配有答案（详见本书24页）。

（5）重新修订、整理了及教学资源包。

本次修订由王娟（江苏工程职业技术学院）、祁金祥（南通科技职业学院）任主编，王海萍（盐城工业职业技术学院）、李亚微（江苏商贸职业学院）任副主编，王越（江苏省南通市地方税务局法规处）、郁东（江苏公证天业会计师事务所南通分所）参与编写。本书由江苏洋河集团财务总监丛学年审稿，在审定过程中提出了许多宝贵意见。在本书的编写过程中，得到了江苏工程职业技术学院和南通科技职业学院各位领导的大力支持，在此表示衷心的感谢。

由于编者水平有限，书中难免存在不妥之处，恳请专家、学者、老师、同学和读者批评、指正。

编　者

2019年2月

第一版 

本书按照2000年7月1日起施行的《中华人民共和国会计法》（以下简称为《会计法》）、2007年1月1日起实施的新《企业会计准则》体系和2013年1月1日起实施的《小企业会计准则》等要求，针对会计及相关专业学生在实际会计工作岗位上所需要的基本技能，本着“项目导向、任务驱动”原则，设计出一系列工作情境。

本书将使读者置身于一个中小型办公用品生产型企业的会计岗位，读者在会计工作过程中要解决一系列问题：点钞、签发支票、汇总领料单、编制记账凭证、登记会计账簿、编制会计报表、工商年检、纳税申报等。要解决这些问题，就必须熟练掌握会计的基本技能。基于此，本书内容为：第一篇是会计基础技能训练，重在训练会计从业者的岗位基本能力，如会计书写、签名设计、点钞及真伪币识别和小键盘操作；第二篇是会计实务技能训练，重在训练填凭证、登账簿、编报表的会计实务能力；第三篇是会计相关技能训练，重在训练会计从业者的延伸能力，如工商登记、税务登记、纳税申报、工商年检。

本书汇聚了“政府、行业、企业、院校”的智慧与力量。主编在多年会计实践和教学经验的基础上，邀请了政府税务专家、行业协会专家、上市公司财务总监和具有丰富实践教学经验的“双师型”骨干教师编写。本书吸收了编者所在院校近几年教学改革的新成果，力求使教室成为仿真的工作场所，使教学内容工作情境化，开展理实一体、“教、学、做”相融合的仿真教学。

本书由祁金祥（南通农业职业技术学院）、王娟（南通纺织职业技术学院）任主编，顾美君（南通农业职业技术学院）、蔡平（南通农业职业技术学院）任副主编，汪小华（南通农业职业技术学院）、赵桃敏（南通农业职业技术学院）、王越（江苏省南通市地方税务局法规处）、郁东（江苏公证天业会计师事务所南通分所）、周正华（南通苏州大学纺织研究院）参加编写。本书由江苏洋河集团财务总监丛学年审稿，在审定过程中提出了许多宝贵意见。在本书的编写过程中，得到了南通农业职业技术学院和南通纺织职业技术学院各位领导的大力支持，在此表示衷心的感谢。

书中难免有不当之处，敬请广大读者批评、指正。

编　者

2013年5月

目录

第一篇　会计基础技能训练

第二篇　会计实务技能训练

第三篇　会计相关技能训练

第一篇

会计基础技能训练

在这一篇中，我们要充分训练从事会计工作所必需的会计书写、签名、点钞、计算器的运用等基本知识和基本技能，为后面的会计实务技能学习和将来会计实务工作打下良好的基础。

接下来，开始我们的会计基础操作技能训练吧！

第1步：会计书写规范训练。

第2步：签名设计训练。

第3步：点钞与真伪币识别训练。

第4步：小键盘录入训练。

第5步：电子计算器运用训练。

项目1

会计书写规范训练

刚走上会计工作岗位的新人，是不是会感到有些紧张、有些茫然？如何做好一名会计呢？首先，让我们来演练一下会计的书写吧。

会计书写的规范是：

书写要符合财会法规、会计制度对财会人员的要求。

账目条理清晰，书写字迹清楚，无模糊不清的现象。

账面整洁美观，书写工整，无杂乱无章的现象。

结构安排合理，字迹流畅，美观大方。

任务1.1　阿拉伯数字的书写

你的目标

掌握阿拉伯数字的标准写法，在开具发票和处理会计业务时，能做到书写规范、清晰、流畅。

学做合一

阿拉伯数字书写总体要求是用蓝、黑墨水笔书写，数字字体规范、大小匀称、排列整齐。数字应具有一定的高度、斜度与间距，具体要求如下。

（1）阿拉伯数字应当一个一个地写，不得连写。特别是在连着写几个“0”时，一定要单个地写，而不能将几个“0”连在一起一笔写完。印有数位线的每一格只能写一个数字。数字的排列要整齐，数字之间的间隙应均匀，不能过大。

（2）阿拉伯数字一般是紧贴底线书写，其高约占横格高度的1/2，使上方能留出一定空位，以便需要更正时可以再次书写。一般高低一致，但“6”的竖画应上提，比其他一般的数字高出1/4，“7”“9”的竖画要下拉出格至一般数字的1/4（同其他数字相比上端缩进1/4，而下端伸出1/4）。

（3）阿拉伯数字书写应有一定的斜度。倾斜角度的大小应以书写方便、好看易认为准，一般掌握为上端向右倾斜60°左右。

（4）为了防止涂改，对有竖画的数字的写法应有明显的区别，如“6”的竖画应偏左，“4”“7”“9”的竖画应偏右，“1”应写在中间，数字“0”要封口。

在表1.1中完成阿拉伯数字书写练习。

表 1.1

规范	0	1	2	3	4	5	6	7	8	9	0	1	2	3	4	5	6	7	8	9	0	1	2	3	4	5	6	7	8	9
练习																														
规范	0	1	2	3	4	5	6	7	8	9	0	1	2	3	4	5	6	7	8	9	0	1	2	3	4	5	6	7	8	9
练习																														
规范	0	1	2	3	4	5	6	7	8	9	0	1	2	3	4	5	6	7	8	9	0	1	2	3	4	5	6	7	8	9
练习																														
规范	0	1	2	3	4	5	6	7	8	9	0	1	2	3	4	5	6	7	8	9	0	1	2	3	4	5	6	7	8	9
练习																														
规范	0	1	2	3	4	5	6	7	8	9	0	1	2	3	4	5	6	7	8	9	0	1	2	3	4	5	6	7	8	9
练习																														
规范	0	1	2	3	4	5	6	7	8	9	0	1	2	3	4	5	6	7	8	9	0	1	2	3	4	5	6	7	8	9
练习																														
规范	0	1	2	3	4	5	6	7	8	9	0	1	2	3	4	5	6	7	8	9	0	1	2	3	4	5	6	7	8	9
练习																														
规范	0	1	2	3	4	5	6	7	8	9	0	1	2	3	4	5	6	7	8	9	0	1	2	3	4	5	6	7	8	9
练习																														
规范	0	1	2	3	4	5	6	7	8	9	0	1	2	3	4	5	6	7	8	9	0	1	2	3	4	5	6	7	8	9
练习																														
规范	0	1	2	3	4	5	6	7	8	9	0	1	2	3	4	5	6	7	8	9	0	1	2	3	4	5	6	7	8	9
练习																														
规范	0	1	2	3	4	5	6	7	8	9	0	1	2	3	4	5	6	7	8	9	0	1	2	3	4	5	6	7	8	9
练习																														
规范	0	1	2	3	4	5	6	7	8	9	0	1	2	3	4	5	6	7	8	9	0	1	2	3	4	5	6	7	8	9
练习																														

任务1.2　金额数字的书写

你的目标

掌握大小写金额的标准写法，在开具发票和处理会计业务时，能做到书写工整、清晰、规范。

学做合一

汉字大写数字要以正楷字体或行书字体书写，不得连笔写；应保持适当的、大小均匀一致的字距；字体要各自成形、大小匀称、排列整齐，具体要求如下。

（1）汉字大写数字金额一律用零、壹、贰、叁、肆、伍、陆、柒、捌、玖、拾、佰、仟、万、亿等。大写金额数字前未印有货币名称的，应当填写货币名称（如人民币金额前应冠以“人民币”字样），且货币名称与金额数字之间不得留空位，数字之间不得留空位。大写数字金额元后无角、分，或角后无分，在“元”或“角”字之后要加写“整”字；大写数字金额有分的，“分”字后面不能写“整”字。

（2）阿拉伯金额数字中间有“0”时，汉字大写金额要写“零”字；阿拉伯金额数字中间连续有几个“0”，汉字大写金额中可只写一个“零”字；阿拉伯金额数字元位是“0”时，或数字中间连续有几个“0”，且元位也是“0”而角位不是“0”时，汉字大写金额中可只写一个“零”字，也可以不写“零”字；表示数位的文字前必须有数字。

（3）在印有大写金额万、仟、佰、拾、元、角、分位置的凭证上书写大写金额时，金额前面如有空位，可画“⊗”注销，阿拉伯金额数字中间连续有几个“0”，大写金额就要写几个“零”字。如￥4 023.50汉字大写金额应写成：人民币⊗万肆仟零佰贰拾叁元伍角零分。

（4）阿拉伯数字应一个一个写，不得连笔写，所有以元为单位的阿拉伯数字，除表示单价等情况外，一律写到角分；无角分的角位和分位可写“00”，或符号“—”，有角无分的，分位应写“0”，不得用符号“—”代替分位的“0”。

请在表1.2中完成汉字大写数字书写练习。

表　1.2

规范	零	壹	贰	叁	肆	伍	陆	柒	捌	玖	拾	佰	仟	万	亿	元	角	分	整	正
练习																				
规范	零	壹	贰	叁	肆	伍	陆	柒	捌	玖	拾	佰	仟	万	亿	元	角	分	整	正
练习																				
规范	零	壹	贰	叁	肆	伍	陆	柒	捌	玖	拾	佰	仟	万	亿	元	角	分	整	正
练习																				

请在表1.3中完成人民币大写金额书写练习。

表 1.3

序号	小　写	大　写
1	¥123 000.04	人民币
2	¥4 050.00	人民币
3	¥6 007.50	人民币
4	¥18.99	人民币
5	¥20.00	人民币

任务1.3　票据日期的书写

你的目标

掌握票据日期的标准写法，在开具票据时，能做到书写规范、清晰、流畅。

(1) 票据的出票日期必须使用中文大写：月为壹、贰和壹拾的，前面须加“零”字；日为壹至玖和壹拾、贰拾、叁拾的，应在其前加“零”字；拾壹至拾玖的，应在其前加“壹”字；月为拾壹和拾贰的，应在前面加“壹”字。如2月15日，应写成零贰月壹拾伍日。再如11月30日，应写成壹拾壹月零叁拾日。

(2) 票据出票日期使用小写填写的，银行不予受理。大写日期未按照要求规范填写的，银行可予受理；但由此造成损失的，由出票人自行承担。

请在表1.4中完成日期大写的书写练习。

表 1.4

序号	日　期	大写日期
1	2010年4月5日	
2	2011年6月7日	
3	2012年10月18日	
4	2013年12月28日	
5	2014年1月1日	

项目2

签名设计训练

“字如其人”，以字体作为评价人的标准在我国已根深蒂固，尤其是会计工作人员，拥有一个造型奇特、潇洒大方的签名显得格外重要。

你的目标

设计出一款造型奇特、潇洒大方的签名。

学做合一

随着社会经济的高速发展和人们生活水平的日益提高，无纸化办公的趋势越来越明显，人们动笔写字的机会逐步减少。一向与文人息息相关的笔、纸和书写技艺与我们慢慢疏远开来。但无论何时，总有几个字无法“释手”，那就是签名。签名是一个人在社会、法律、条文契约等一切关系中，代表个人资信及个人审美情趣的视觉标志，又叫签字、署名。

1. 史说签名设计

签名设计又称“艺术签名”，它不是今人的发明，以前就有，我们的前人称其为“花押”。那么究竟什么是“花押”？

“花”，花卉、花纹的意思。“花押”就是将个人的姓名草写成类似于花卉的图案，将“名字稍花之”，源于南北朝时的一种装饰字体——“花书”（又名“凤尾书”）。产生花押的原因是“为了防奸辨伪或出于其他某种目的，不得不故意将自己的名字签写得让人看不懂，不易认（不是不能认），但毕竟是自己的名字，还要美观漂亮”。韦陟的飞云五朵是史上最著名的花押之一，以致人们以为是花押之源。《东观馀论》记载：“唐人一书中云，文皇令文臣上奏任用真草，惟名不得草。后人遂以草名为花押，韦陟五朵云是也。”宋周密《辛癸杂识》又记载：“古人押字，谓之花押印，是用名字稍花之，如韦陟五朵云是也。”唐宋时，盛行签名花押，尤其在官场中成为时尚。

“押”，《康熙大字典》解释：“押，说文，署也。”《汉语大词典》解释：“在公文或契约上签字或画符号，以作凭信。亦指所签的名字或所画的符号。”可见“押”就是署、写、画，既指动作本身，也指动作的结果。在刘汉王朝和南北朝时候，流行押字，如官吏批复文牍，写上个“诺”字或“依”字，《后汉书·党锢列传》有记载：“南阳宗资但画‘诺’。”《北史·齐后主纪》有记载：“穆提婆等卖官，乞书诏，后主连判文书二十余纸，各作‘依’字。”很类似于今天的“同意”二字。普通民众不识字，一辈子不曾与毛笔打交道，就以符号代汉字。这发端于魏晋时期，符号种类很多，最常见的是画个“+”字或干脆一笔画个“○”。进入唐朝后，通行姓名押字，一般都是草写法，叶梦得《石林燕语》记载：“唐人初，但草书其名以为私记。”欧阳修《归田录》记载：“俗以草书为押字。”洪迈《容斋五笔》又记载：“押字古人书名之草者，施于文记间，以自识别耳。”

2. 签名设计的要点

1）可识性

签名是实用的，易认不易认都是能认的。一款成功、有价值的签名并不是每个人都能识读的。签名的可识性在于它符合汉字结构特点，符合签名设计的规律和法度，只要剖析其原理，人人可识。

2）独特性

挥洒而出的签名是一种标识，是个人专利，展现人的独特个性，有较强的个人风格。

3）艺术性

签名本身就是一门艺术，签名是“美”的。

4）时代性

不同时期，不同环境，签名是不一样的，体现出人的不同心境，是个人一时的写照。

5）防伪性

签名表示个人的接受、认可、同意，在社会交往中是一种凭信手段，有较高的防伪性。

3. 10种签名设计

1）端庄签法

端庄签法即以端庄、大方、威仪为基准。给人感觉直观、明快、爽朗、稳重、正派。以楷书、隶书、行书为主。端庄法适合政坛要员形象。

2）创意签法

创意签法是最奇特、最难，且意想不到的妙构，以致巧夺天工之法。给人感觉是曼妙、灵动、意蕴幽远，天衣无缝之作。创意法以行草签名居多，适合于商业巨子形象。

3）一笔签法

一笔签法是以一气呵成、一挥而就、巧妙相连、左右环绕、艺术浪漫为基准。有如游龙戏海，猛虎下山，脱笼惊鸟，闪电流星。此款签名要以草书为主，用西方美术抽象线条巧妙组合，才能达到完美的一笔签。一笔签最适合影视歌星、艺术名人形象。

4）灵动签法

灵动签法就是灵活韵动，借势造势，将相同、相似、相关、相连的笔画、偏旁、部首互相借用，各得所需，简化笔画，使签名更加艺术化，看起来浑然一体，妙趣横生。有道是：好风凭借力，助我上青云。用禅诗形容是：掬水月在手，弄花香满衣。这一种签法，一般行草书、行书、草书、西方的抽象艺术的借用比较多。法无定法，道法自然。这种签名适合很多职业，如体育健儿、艺术家、影视明星、政坛要员、商业巨子等。

5）学问签法

学问签法就是签名体现学富五车，笔下溢于学问，怎么签都是书卷气，这一点是任何人都很难模仿的。古诗曰“读书破万卷，下笔如有神”，也可借指这个意思。这一款签名比较适合学者、文豪形象。自己有自己的个性，不一定非得模仿明星大腕签个龙飞凤舞的名。这一款签名可以用楷书、隶书、行书、草书等书体。

6）技术签法

技术签法有职业个性，可以结合自己的行业特点，夸张其偏旁、笔画。可以设计造型，可以进行环绕，可以做一些标记来反映行业及自己名字的意义。给人一种“出奇制胜”“高峡出平湖”的奇妙感觉。此款在科技领域、工商业、医药业、建筑业、房地产业、物业等行业较为适用。这种签名可以与任何书体互相融合。

7）策划签法

策划签法是以策划为主，使整个名称全在策划玄妙之中。可以加入暗示和信息或故意夸张托底之横，或故意向上直行，或故意环绕风圈，或走上一条通衢大道，或在签名中有一些符号、数字、图案及合乎其生辰五行。总而言之，心事易就，让人心想事成，从心理学上暗示人或旺官，或旺财，或旺文昌，或旺名声，或避邪等。这种签名没有定式，没有定法，是天人合一签，适用任何一种职业，也特别适合幕僚、策划、商界、政坛等。

8）证明签法

证明签法以自然书写为准，不可故意去做作，以“道法自然”为基准，在签名时要认真谨慎，不可马虎，要一笔千诺，说明心态的端正。此签名法适合司法律师、公证检察人员、百姓签名等。此款的书法依个人风格而定，不可拘泥。

9）密码签法

密码签法是把名称的字化解成密码，有的似英文字母，有的似外来符号，有的似画符等，再通过巧妙复杂的手段组合成的签名。在书写中，可以运用压笔、弧笔，或倾斜或颠倒，或倒写等，留下暗码，使整个签名具有很好的防伪功能，给人一种“天地书黄之”的感觉。此款签名适合银行财务、金融、证券从业者、艺术名人等。

10）自由签法

自由签法是目前网上最多的专业签名设计方法，网上汇集签名设计师，有签名设计微客、签名设计商城、免费签名设计、明星签名、个性签名等栏目。自由签法是签名要无意于佳及佳。自由就是无拘无束，飘逸大胆，任君笔下驰骋。可以借助以上9种签法中的任意一种自由组合，大胆创意，我行我素地签就自己的名字。此款签名适合自由职业者以及张扬自我个性的人，用什么书体均可，最重要的是利用好西方的抽象线条。

4. 签名设计注意事项

（1）要客观地看待自己的名字。一切从自己名字特有的结构出发来选择适合自己的签名，有像“滕磊”“周正国”“席琳琳”一类的名字，就应该放弃追求潇洒的风格，而应该选择工整清劲的风格，如果是如“贺志涛”“刘海鹰”“江志强”一类的名字，那就应该选择流畅、洒脱的风格。另外，签名也应根据不同的情境、场合选择，庄重的场合同轻松活跃的场合签名的风格也不一样；签名还要根据对象来选择，如果是长辈、上级，应以端正、大方的签名为主；如对象是朋友、熟人、恋人，则可以签得花哨一些。同样，正式合同、文件与私人信函上的签名也应该有区别。

（2）在设计签名时，字要尽量靠拢，不能像平时写字那样字与字留有空隙。签名要尽量形成连绵一体的整体感，不能有字字完全断开的现象，横式签名要注意左右字之间的弥合，竖式签名要注意上下字之间的弥合，在视觉上不能给人字字断开的感觉，而应给人一种不分你我的整体感。这就要求字字之间要尽量紧紧依靠，使笔画分布的空间效果完全相接，要懂得“避实补虚”的融合方法，充分利用笔画的连带进行补白。

（3）笔画的共用是进行签名设计时的一种常用方法。要注意分析名字中字与字之间的相同或相似的笔画共用，以便使签名组成一个不可分割的整体。笔画的共用可以在单字里，也可以是签名的字字共用，而字字共用的现象占大多数，但要注意的是，共用笔画应该是自然而流畅的，不应生硬、牵强。

（4）可以改变笔画的顺序，有的签名可以把笔画顺序倒过来，先写的笔画放到最后去写，如“来文”的签名，“文”字的最后一点放到最后才补上。如果先写这一笔，则整个签名就不会结合得如此巧妙了。另外，由于汉字笔顺是从左到右的，如果右边部分无法与下一个字相关联，或关联后不太自然，而左边部分与下面的字相连起来倒比较贴切，可以先写右边，再写左边，然后与下一个字相连，顺序逆向。

（5）在进行签名设计时，要找出姓名中可以夸张的那一笔画，夸张笔画是使一个签名形成形式一体化的主要技巧之一。在横式签名中，夸张的笔画放在最后一笔的情况比较常见，横式签名的夸张笔画也比较多样化，而竖式签名的笔画比较单一，现代人使用得比较少。在横式签名最后一笔进行夸张时，通常采用由右向左折回和由左向右甩出两个相反的方向。因此，夸张的笔画可以预先找出，找出夸张的笔画后，书写时一定要写到位，这将对签名的整体形式产生重要作用。

（6）字体的选择。楷书：端庄清秀，遒劲自然，淳厚优美，适合表达庄重舒展、大方隽永的内容；隶书：圆润丰腴，朴拙温柔，和煦委婉，适于表达欢畅抒情、轻松愉快的内容；行书：随意自然，舒爽隽永，坦平怡人，适合表现自然坦达、灵活轻漫的内容；草书：洒脱奔放，流连飘逸，变幻迅疾，适合表现动感、欢快、潇洒不拘的内容。签名一般应选择书写流畅、速度较快的字体。其中以行书、行草书最为理想，楷书和草书也可用，而慎用那些循规蹈矩的字体，如隶书、篆书等。用行书和草书签名，不仅可以潇洒而抒情，而且能便捷迅速地应用。

（7）签名节奏的控制。签名的节奏由书写速度和姓名中文字结构的大小组成。书写速度与平日写字的快慢有关，比较好理解。一般来说，礼仪型签名和实用型签名用楷书或行书，花体签名是画个图案，应该慢一些；草书及仿伪型签名，写得越快越有神采。对于一个签名，主笔抒情，可以写得快一些，转折和比较短的笔画则需放慢书写速度。注意到这一点，就要根据自己的书写习惯和签名类别的不同，来调节签名速度。签名的节奏是按签名图形的重心和平衡规律等视觉原理去安排名字，这样能够使签名既美观耐看，又便于书写。

（8）使用装饰性笔画时，装饰性笔画可以不是姓名中任何一个字的笔画，只是为了签名整体更加和谐、匀称，更趋于一体化而添加的笔画。也有少数姓名某字里的夸张笔画起装饰作用的情况。

（9）要注意签名的防伪。实用性签名，特别是在合同、重要文件上的签名，一经签署就伴随着某种责任义务以及违反它所要承担的后果，往往成为伪造签名者重点攻克的对象。我们要求签名者注意防伪性，并不是要求简单地在签名上画上某种符号、曲线和使用装饰性笔画，而是要求从纵深的、内在的方面去努力。当然，在签名中附加某些线条，夸张某些笔画用以防伪是必要的，也是防伪的方法之一，但这只是一种普通层次的措施，掌握不好常会影响整幅签名的效果。如果线条没有什么特别之处，同样容易被模仿。真正的、深层次的防伪办法是从提高签名技巧和艺术水平，写出自己的风格和表现自己独特的个性方面着手。

图 2.1 为一些签名赏析。

图2.1　签名赏析

项目3

点钞与真伪币识别训练

在会计工作岗位上，经常与钞票打交道，你是不是感到有些紧张、有些茫然？接下来，让我们来学习一下点钞与真伪币识别吧。

本项目中，要熟练掌握手持式单指单张点钞方法，并了解假币识别的基本方法。

任务3.1 点 钞

你的目标

灵活运用眼、脑、手三合一的操作技术，熟练、快速地点钞。

学做合一

点钞是人们日常生活中不可缺少的一项基本技能，它是眼、脑、手三合一的操作技术，点钞技术的高低、速度的快慢、质量的好坏，都直接影响工作的效率和质量，是从事金融、财会工作的人员必须熟练掌握的基本功之一。

点钞的基本程序：拆把→点数→扎把→盖章。

（1）拆把：把待点的成把钞票的封条拆掉。

（2）点数：手点钞，脑记数，点准100张。

（3）扎把：把点准的100张钞票墩齐，用腰条扎紧。

（4）盖章：在扎好的钞票的腰条上加盖经办人名章，以明确责任。

在人民币的收付和整点中，要把混乱不齐、折损不一的钞票进行整理，使之整齐美观。

1. 整理的具体要求

（1）平铺整齐，边角无折。同券一起，不能混淆。

（2）券面同向，不能颠倒。验查真伪，去伪存真。

（3）剔除残币，完残分放。百张一把，十把一捆。

（4）扎把捆捆，经办盖章。清点结账，复核入库。

2. 点钞基本要领

出纳人员在办理现金的收付与整点时，要做到准、快、好。“准”就是钞券清点不错不乱，准确无误。“快”是指在准的前提下，加快点钞速度，提高工作效率。“好”就是清点的钞券要符合“五好钱捆”的要求。“准”是做好现金收付和整点工作的基础和前提，“快”和“好”是银行加速货币流通、提高服务质量的必要条件。

学习点钞，首先要掌握基本要领。基本要领对于哪一种方法都适用，大致可概括为以下几点。

（1）坐姿端正。点钞的坐姿会直接影响点钞技术的发挥和提高。正确的坐姿应该是直腰挺胸，身体自然，肌肉放松，双肘自然放在桌上，持票的左手腕部接触桌面，右手腕部稍抬起，整点货币轻松持久，活动自如。

（2）操作定型，用品定位。点钞时使用的印泥、图章、水盒、腰条等要按使用顺序固定位置放好，以便点钞时使用顺手。

（3）点数准确。点钞技术关键是一个“准”字，清点和记数的准确是点钞的基本要求。点数准确一要精神集中；二要定型操作；三要手点、脑记，手、眼、脑紧密配合。

（4）钞票墩齐。钞票点好后必须墩齐后（4条边水平，不露头，卷角拉平）才能扎把。

（5）扎把捆紧。扎小把，以提起把中第一张钞票不被抽出为准。按“#”字形捆扎的大捆，以用力推不变形，抽不出票把为准。

（6）盖章清晰。腰条上的名章，是分清责任的标志，每个人整点后都要盖章，图章要清晰可辨。

（7）动作连贯。动作连贯是保证点钞质量和提高效率的必要条件，点钞过程的各个环节（拆把、清点、墩齐、扎把、盖章）必须密切配合，环环相扣。清点中双手动作要协调，速度要均匀，要注意减少不必要的小动作。

3. 点钞的方法

点钞包括整点纸币和清点硬币。点钞方法是相当多的，概括来讲，可以划分为手工点钞和机器点钞两大类。对于手工点钞，根据持票姿势不同，又可划分为手持式点钞方法和手按式点钞方法。手按式点钞方法是将钞票放在台面上操作；手持式点钞方法是在手按式点钞方法的基础上发展而来的，其速度远比手按式点钞方法快，因此，手持式点钞方法在全国各地应用比较普遍。

手持式点钞方法，根据指法不同又可分为：单指单张、单指多张、多指多张、扇面式点钞 4 种。

1）单指单张点钞法

用一个手指一次点一张的方法叫单指单张点钞法。这种方法是点钞中最基本也是最常用的一种，使用范围较广，频率较高，适用于收款、付款和整点各种新旧大小钞票。这种点钞方法由于持票面小，能看到票面的 3/4，容易发现假钞票及残破票，缺点是点一张记一个数，比较费力。具体操作方法如下。

（1）持票。左手横执钞票，下面朝向身体，左手拇指在钞票正面左端约 1/4，食指与中指在钞票背面与拇指同时捏住钞票，无名指与小指自然弯曲并伸向票前左下方，与中指夹紧钞票，食指伸直，拇指向上移动，按住钞票侧面，将钞票压成瓦形，左手将钞票从桌面上擦过，拇指顺势将钞票向上翻成微开的扇形，同时，右手拇指、食指作点钞准备。

（2）清点。左手持钞并形成瓦形后，右手食指托住钞票背面右上角，用拇指尖逐张向下捻动钞票右上角，捻动幅度要小，不要抬得过高。要轻捻，食指在钞票背面的右端配合拇指捻动，左手拇指按捏钞票不要过紧，要配合右手起自然助推的作用。右手的无名指将捻起的钞票向怀里弹，要注意轻点快弹。

（3）记数。与清点同时进行。在点数速度快的情况下，往往由于记数迟缓而影响点钞的效率，因此记数应该采用分组记数法。把10作1记，即 1、2、3、4、5、6、7、8、9、1（即10），1、2、3、4、5、6、7、8、9、2（即20），以此类推，数到1、2、3、4、5、6、7、8、9、10（即100）。采用这种记数法记数既简单又快捷，省力又好记。但记数时要默记，不要念出声，做到脑、眼、手密切配合，既准又快。

2）单指多张点钞法

点钞时，一指同时点两张或两张以上的方法叫单指多张点钞法。它适用于收款、付款和各种券别的整点工作。点钞时记数简单省力，效率高。但也有缺点，就是在一指捻几张时，由于不能看到中间几张的全部票面，所以假钞和残破票不易发现。

这种点钞法除了记数和清点外，其他均与单指单张点钞法相同。

（1）持票（同单指单张）。

（2）清点。清点时，右手食指放在钞票背面右上角，拇指腹放在正面右上角，拇指尖超出票面，用拇指腹先捻钞。单指双张点钞法，拇指腹先捻第一张，拇指尖捻第二张。单指多张点钞法，拇指用力要均衡，捻的幅度不要太大，食指、中指在钞票后面配合捻动，拇指捻张，无名指向怀里弹。在右手拇指往下捻动的同时，左手拇指稍抬，使票面拱起，从侧边分层错开，便于看清张数，左手拇指往下拨钞票，右手拇指抬起让钞票下落，左手拇指在拨钞的同时下按其余钞票，左右两手拇指一起一落协调动作，如此循环，直至点完。

（3）记数。采用分组记数法，如：点双数，两张为一组记一个数，50 组就是 100 张。

3）多指多张点钞法

多指多张点钞法是指：点钞时用小指、无名指、中指、食指依次捻下一张钞票，一次清点 4 张钞票的方法，也叫四指四张点钞法。这种点钞法适用于收款、付款和整点工作，这种点钞方法不仅省力、省脑，而且效率高，能够逐张识别假钞票和挑剔残破钞票。

（1）持票。用左手持钞，中指在前，食指、无名指、小指在后，将钞票夹紧，四指同时弯曲将钞票轻压成瓦形，拇指在钞票的右上角外面，将钞票推成小扇面，然后手腕向里转，使钞票的右里角抬起，右手五指准备清点。

（2）清点。右手腕抬起，拇指贴在钞票的右里角，其余四指同时弯曲并拢，从小指开始每指捻动一张钞票，依次下滑 4 个手指，每一次下滑动作捻下 4 张钞票，循环操作，直至点完 100 张。

（3）记数。采用分组记数法，每次点 4 张为一组，记满 25 组为 100 张。

4）扇面式点钞法

把钞票捻成扇面状进行清点的方法叫扇面式点钞法。这种点钞方法速度快，是手工点钞中效率最高的一种。但它只适合清点新票币，不适于清点新、旧、破混合钞票。

（1）持票。钞票竖拿，左手拇指在票前下部中间票面约 1/4 处。食指、中指在票后同拇指一起捏住钞票，无名指和小指拳向手心。右手拇指在左手拇指的上端，用虎口从右侧卡住钞票成瓦形，食指、中指、无名指、小指均横在钞票背面，做开扇准备。

（2）开扇。开扇是扇面点钞的一个重要环节，扇面要开得均匀，为点数打好基础，做好准备。其方法如下。

以左手为轴，右手食指将钞票向胸前左下方压弯，然后再猛向右方闪动，同时右手拇指在票前向左上方推动钞票，食指、中指在票后面用力向右捻动，左手指在钞票原位置向逆时针方向画弧捻动，食、中指在票后面用力向左上方捻动，右手手指逐步向下移动，至右下角时即可将钞票推成扇面形。如有不均匀的地方，可双手持钞抖动，使其均匀。

打扇面时，左右两手一定要配合协调，不要将钞票捏得过紧，如果点钞时采取一按10张的方法，扇面要开小些，便于点清。

（3）点数。左手持扇面，右手中指、无名指、小指托住钞票背面，拇指在钞票右上角 1cm 处，一次按下 5 张或 10 张；按下后用食指压住，拇指继续向前按第二次，以此类推，同时左手应随右手点数速度向内转动扇面，以迎合右手按动，直到点完 100 张为止。

（4）记数。采用分组记数法。一次按 5 张为一组，记满 20 组为 100 张；一次按 10 张为一组，记满 10 组为 100 张。

（5）合扇。清点完毕合扇时，将左手向右倒，右手托住钞票右侧向左合拢，左右手指向中间一起用力，使钞票竖立在桌面上，两手松拢轻墩，把钞票墩齐，准备扎把。

4. 扎把方法

点钞完毕后需要对所点钞票进行扎把，通常是 100 张捆扎成一把，分为缠绕式和扭结式两种方法。

1）缠绕式

临柜收款采用这种方法，需要使用牛皮纸腰条，其具体操作方法介绍如下。

（1）将点过的钞票 100 张墩齐。

（2）左手从长的方向拦腰握着钞票，使之成为瓦状（瓦状的幅度影响扎钞的松紧，在捆扎中幅度不能变）。

（3）右手握着腰条头将其从钞票的长的方向夹入钞票的中间（离一端 1/3～1/4 处），从凹面开始绕钞票两圈。

（4）在翻到钞票原度转角处将腰条向右折叠 90°，将腰条头绕捆在钞票的腰条上，转两圈打结。

（5）整理钞票。

2）扭结式

考核、比赛采用此种方法，需要使用绵纸腰条，其具体操作方法介绍如下。

（1）将点过的钞票 100 张墩齐。

（2）左手握钞，使之成为瓦状。

（3）右手将腰条从钞票凸面放置，将两腰条头绕到凹面，左手食指、拇指分别按住腰条与钞票厚度交界处。

（4）右手拇指、食指夹住其中一端腰条头，中指、无名指夹住另一端腰条头，并合在一起，右手顺时针转 180°，左手逆时针转 180°，将拇指和食指夹住的那一头从腰条与钞票之间绕过、打结。

（5）整理钞票。

1. 我国现行货币体系及其演变(见表3.1)

表 3.1

发行套数	发行时间	券别及种类	说明
第一套人民币	1948年12月1日	12种面额，62种版别，其中1元券2种、5元券4种、10元券4种、20元券7种、50元券7种、100元券10种、200元券5种、500元券6种、1000元券6种、5000元券5种、10000元券4种、50000元券2种	第一套人民币作为中国唯一的合法货币，在除台湾、西藏以外的全国范围内流通，有力地支援了解放战争，同时，为稳定中华人民共和国成立初期社会秩序，恢复生产，促进城乡物资交流发挥了重要作用
第二套人民币（俗称五三版）	1955年3月1日	同时收回第一套人民币，新旧币兑换率为1:10000。新版面额主币为1元、2元、3元、5元、10元5种，辅币为1分、2分、5分、1角、2角、5角6种，共11种	第二套人民币消除了第一套人民币特有的战时货币痕迹，为促进社会经济建设发挥了巨大作用
第三套人民币	1962年4月15日	共有1角、2角、5角、1元、2元、5元、10元7种面额，9种版别，其中1角券有3种版别	第三套与第二套人民币的比价为1:1，新币采用了多色彩印技术，使画面色调活泼、丰富，其手工雕刻的制版工艺与多色技术配合，大大提高了防伪性能
第四套人民币	1987年4月27日	主币1元、2元、5元、10元、50元、100元6种，辅币1角、2角、5角3种	与第三套人民币混合流通，两套人民币比价为1:1。该套人民币印制工艺广泛采用了水印、磁性油墨、荧光油墨的先进技术，增强了人民币的防伪性能
第五套人民币	1999年10月1日	1999年版共有1角、5角、1元、5元、10元、20元、50元、100元8种面额，其中1角、5角、1元有纸币、硬币两种	新版人民币发行后与现行人民币等值流通，具有相同的货币职能；第五套人民币将国际先进的计算机辅助设计方法与我国传统手工绘制有机结合，既保留了中国传统钞票的设计特点，又具有鲜明的时代特征
	2005年8月31日	2005年版发行有100元、50元、20元、10元、5元纸币和不锈钢材质1角硬币	
	2015年11月12日	2015年版发行有100元	

2. 第五套人民币

第五套人民币采取“一次公布，分次发行”的方式。1999年10月1日，首先发行了100元纸币；2000年10月16日发行了20元纸币、1元和1角硬币；2001年9月1日，发行了50元、10元纸币；2002年11月18日，发行了5元纸币、5角硬币；2004年7月30日，发行了1元纸币。第五套人民币纸币一览表见表3.2，第五套人民币硬币一览表见表3.3。

表 3.2

券别	图案		主色调	发行时间
	正面	背面		
100元纸币	毛泽东头像	人民大会堂	红色	1999.10.1
100元纸币	毛泽东头像	人民大会堂	红色	2005.8.31
100元纸币	毛泽东头像	人民大会堂	红色	2015.11.12
50元纸币	毛泽东头像	布达拉宫	绿色	2001.9.1
50元纸币	毛泽东头像	布达拉宫	绿色	2005.8.31
20元纸币	毛泽东头像	桂林山水	棕色	2000.10.16
20元纸币	毛泽东头像	桂林山水	棕色	2005.8.31
10元纸币	毛泽东头像	长江三峡	蓝黑色	2001.9.1
10元纸币	毛泽东头像	长江三峡	蓝黑色	2005.8.31
5元纸币	毛泽东头像	泰山	紫色	2002.11.18
5元纸币	毛泽东头像	泰山	紫色	2005.8.31
1元纸币	毛泽东头像	西湖	橄榄绿	2004.7.30

表 3.3

券别	图案		材质	直径（mm）	发行时间
	正面	背面			
1元硬币	行名/面额/拼音/年号	菊花	钢芯镀镍	25	2000.10.16
5角硬币	行名/面额/拼音/年号	荷花	钢芯镀铜合金	20.5	2002.11.18
1角硬币	行名/面额/拼音/年号	兰花	铝合金	19	2000.10.16
1角硬币	行名/面额/拼音/年号	兰花	不锈钢	19	2005.8.31

为提高第五套人民币的印刷工艺和防伪技术水平，经国务院批准，中国人民银行于2005年8月31日发行了第五套人民币2005年版100元、50元、20元、10元、5元纸币和不锈钢材质1角硬币，于2015年11月12日发行了第五套人民币2015年版100元纸币。

第五套人民币继承了我国印制技术的传统经验，借鉴了国外钞票设计的先进技术。在原材料工艺方面做了改进，提高了纸张的综合质量和防伪性。固定水印立体感强、形象逼真。磁性微文字安全线、彩色纤维、无色荧光纤维等在纸张中有机运用，并且采用了计算机辅助设计手工雕刻、电子雕刻和晒版腐蚀相结合的综合制版技术。特别是在二线和三线防伪方面采用了国际通用的防伪措施，为专业人员和研究人员鉴别真伪提供了条件。与第四套人民币相比，第五套人民币的防伪性能由十几种增加到二十多种，主景人像、水印、面额数字均较以前放大，便于群众识别。第五套人民币应用了先进的科学技术，在防伪性能和适应货币处理现代化方面有了较大提高。

第五套人民币各面额正面均采用毛泽东中华人民共和国成立初期的头像，底衬采用了我国著名花卉图案，背面主景图案分别选用了人民大会堂、布达拉宫、桂林山水、长江三峡、泰山、杭州西湖。通过选用有代表性的寓有民族特色的图案，充分表现了我们伟大祖国悠久的历史和壮丽的山河，弘扬了伟大的民族文化。

3. 点钞考核标准

（1）优秀：5分钟单指单张600张，单指多张800张。

（2）良好：5分钟单指单张400张，单指多张600张。

（3）及格：5分钟单指单张300张，单指多张500张。

任务3.2　真伪币识别

你的目标

熟练运用各种技术辨别真伪币，避免会计工作及日常生活中收受假币。

学做合一

假人民币指仿照真人民币纸张、图案、水印、安全线等原样，利用各种技术手段非法制作的伪币。

假币按照其制作方法和手段不同，大体可分为两种类型，即伪造币和变造币。

伪造币是依照人民币真钞的用纸、图案、水印、安全线等的原样，运用各种材料、器具、设备、技术手段模仿制造的人民币假钞。伪造币由于其伪造的手段不同，又可分为手工的、机制的、拓印的、复印的等类别。

变造币是利用各种形式、技术、方法等，对人民币真钞进行加工处理，改变其原有形态，并使其升值的人民币假钞。变造币按其加工方法的不同，又可分为涂改的、挖补剪贴的、剥离揭页的等类别。

识别人民币纸币真伪，通常采用“一看、二摸、三听、四测”的方法。

1. 一看

（1）看水印（见图3.1～图3.4）。第五套人民币各券别纸币的固定水印位于各券别纸币票面正面左侧的空白处，迎光透视，可以看到立体感很强的水印。100元、50元纸币的固定水印为毛泽东头像图案。20元、10元、5元纸币的固定水印为花卉图案。

图3.1　第五套人民币100元和50元人像水印

图3.2　第五套人民币20元花卉水印

图3.3　第五套人民币10元花卉水印

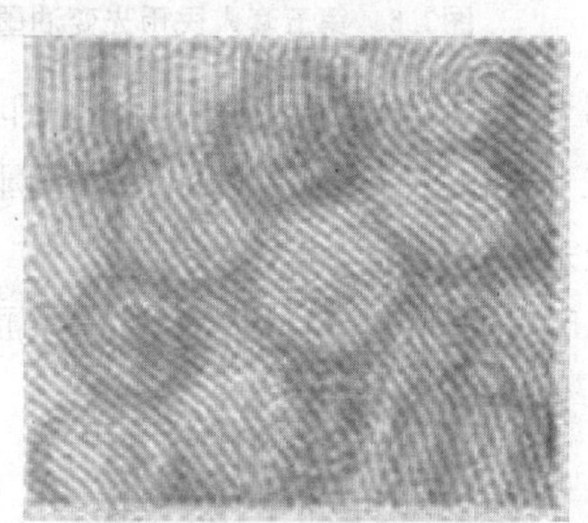

图3.4　第五套人民币5元花卉水印

（2）看安全线（见图3.5）。第五套人民币纸币在各券别票面正面中间偏左，均有一条安全线。100元、50元纸币的安全线，迎光透视，分别可以看到缩微文字“RMB100”“RMB50”，仪器检测均有磁性；20元纸币，迎光透视，是一条明暗相间的安全线，10元、5元纸币安全线为全息磁性开窗式安全线，即安全线局部埋入纸张中，局部裸露在纸面上，开窗部分分别可以看到由微缩字符“￥10”“￥5”组成的全息图案，仪器检测有磁性。

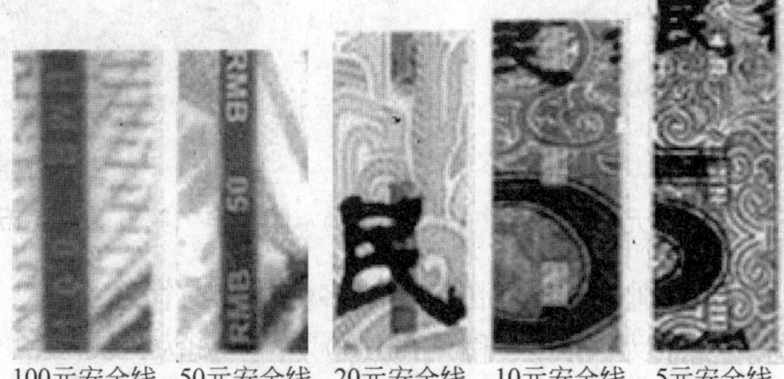

图3.5　第五套人民币安全线

（3）看光变油墨（见图3.6）。第五套人民币100元券和50元券正面左下方的面额数字采用光变墨印刷。将垂直观察的票面倾斜到一定角度时，100元券的面额数字会由绿变为蓝色；50元券的面额数字则会由金色变为绿色。

（4）看票面图案是否清晰，色彩是否鲜艳，对接图案是否可以对接上，如图3.7所示。

100元，光变油墨印刷　　50元，光变油墨印刷

图3.6　第五套人民币光变油墨

图3.7　第五套人民币互补对印图案

第五套人民币纸币的阴阳互补对印图案应用于100元、50元和10元券中。这3种券别的正面左下方和背面右下方都印有一个圆形局部图案。迎光透视，两幅图案准确对接，组合成一个完整的古钱币图案。

（5）用5倍以上放大镜观察票面，看图案线条、缩微文字是否清晰干净，如图3.8～图3.12所示。

图3.8　第五套人民币100元微缩文字

图3.9　第五套人民币50元微缩文字

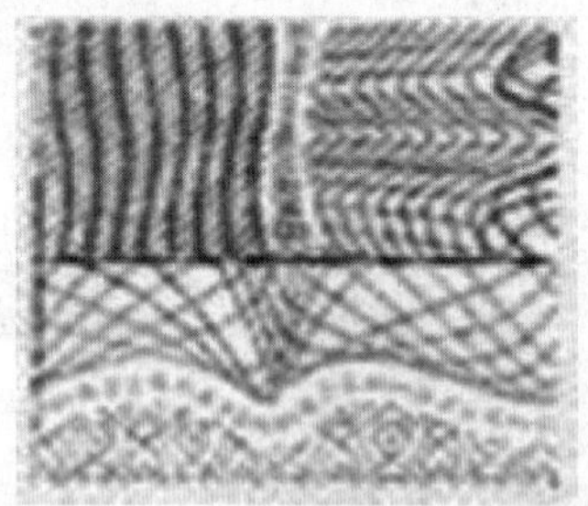

图3.10　第五套人民币20元微缩文字

图3.11　第五套人民币10元微缩文字

第五套人民币纸币各券别正面胶印图案中，多处均印有微缩文字，20元纸币背面也有该防伪措施。100元微缩文字为“RMB”和“RMB100”；50元为“50”和“RMB50”；20元为“RMB20”；10元为“RMB10”；5元为“RMB5”和“5”字样。

2. 二摸

（1）摸人像、盲文点、“中国人民银行”行名等处是否有凹凸感,如图3.13所示。

（2）摸手工雕刻头像。

第五套人民币纸币各券别正面主景均为毛泽东头像，采用手工雕刻凹版印刷工艺，形象逼真、传神，凹凸感强，易于识别，如图3.14所示。

图3.12　第五套人民币5元微缩文字

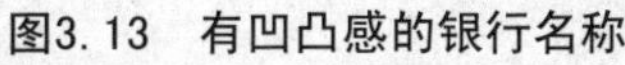

图3.13　有凹凸感的银行名称

图3.14　第五套人民币毛泽东头像

（3）摸纸币是否薄厚适中，挺括度好。

3. 三听

“三听”即通过抖动钞票使其发出声响，根据声音来分辨人民币真伪。人民币的纸张，具有挺括、耐折、不易撕裂的特点。手持钞票用力抖动、手指轻弹或两手一张一弛轻轻对称拉动，能听到清脆响亮的声音。

4. 四测

“四测”即借助一些简单的工具和专用的仪器来分辨人民币真伪。如借助放大镜可以观察票面线条清晰度，胶、凹印缩微文字等；用紫外灯光照射票面，可以观察钞票纸张和油墨的荧光反映；用磁性检测仪可以检测黑色横号码的磁性。

2015年版100元人民币防伪特征

（1）2015年版100元纸币各防伪特征位置如图3.15所示。

图3.15　2015年版100元纸币各防伪特征位置

（2）第一处：光变镂空开窗安全线，如图3.16所示。
（3）第二处：光彩光变数字，如图3.17所示。
（4）第三处：人像水印，如图3.18所示。

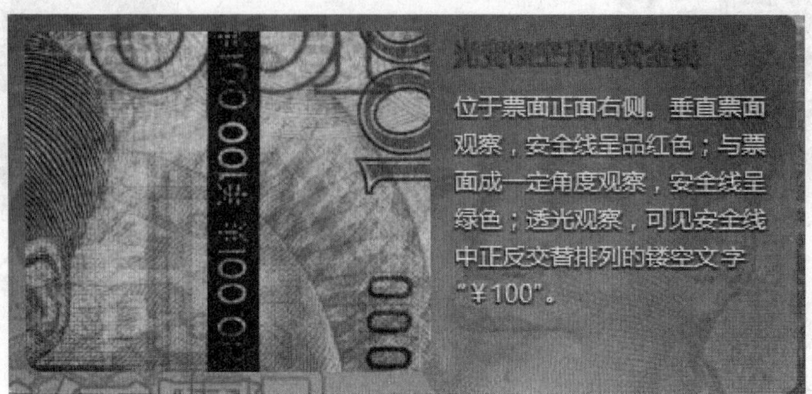

图3.16　光变镂空开窗安全线

图3.17　光彩光变数字

图3.18　人像水印

（5）第四处：胶印对印图案，如图3.19所示。

（6）第五处：横竖双号码，如图3.20所示。

（7）第六处：白水印，如图3.21所示。

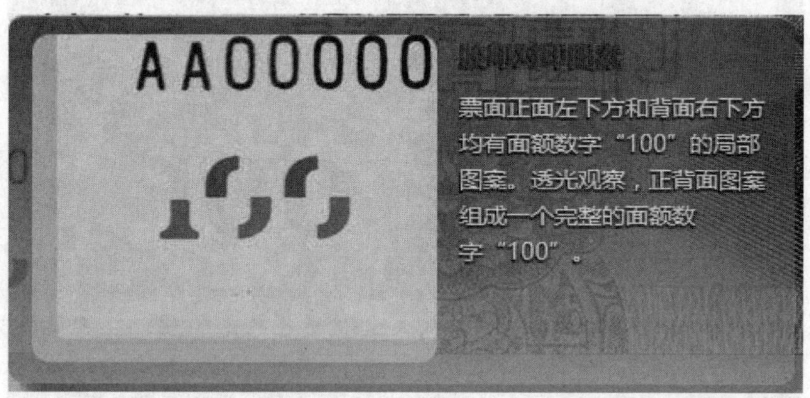

图3.19　胶印对印图案

图3.20　横竖双号码

图3.21　白水印

（8）第七处：雕刻凹印，如图3.22所示。

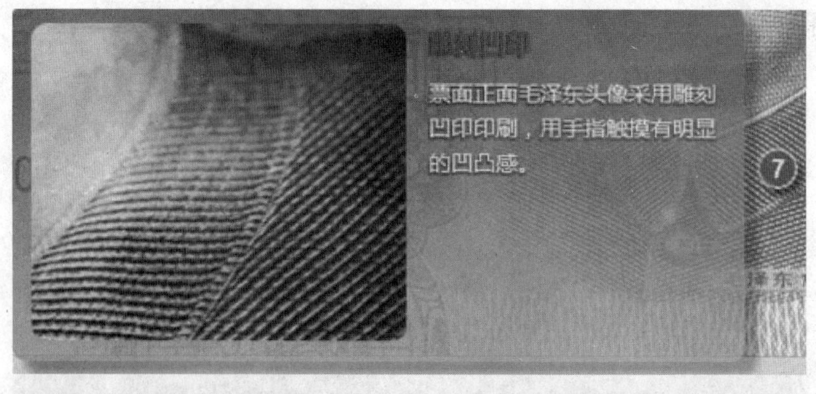

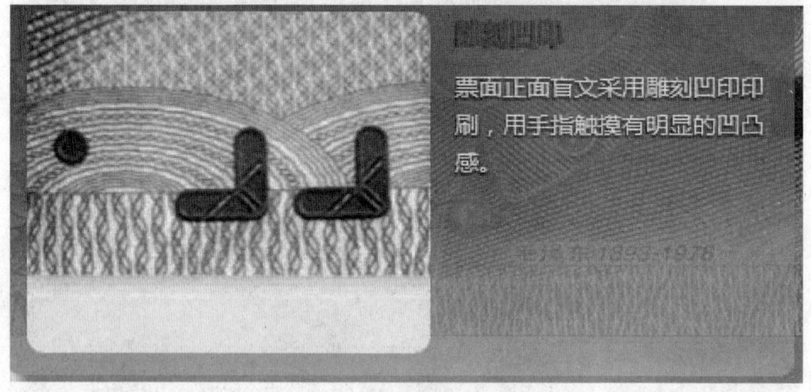

图3.22 雕刻凹印

2018年全国职业院校
会计技能大赛竞赛规程

2018年全国职业院校
银行业务综合技能大赛竞赛规程

货币识别竞赛习题

项目4

小键盘录入训练

数字小键盘操作是各类企事业单位工作人员在计算机录入过程中经常应用的技能。输入的速度和准确性直接影响工作效率和效果。事实上，只要掌握了基本要领和方法并经常进行训练，就能够实现快速自如的盲打输入，从而达到相关岗位的工作要求。

你的目标

掌握数字小键盘数字输入指法，逐步达到盲打水平，并努力提高数字输入速度。

学做合一

1. 计算机键盘的分区

键盘是计算机中最重要的输入设备，通过键盘可以实现人与计算机的交互，发出各种控制指令。键盘通过一根数据线与主机相连，使用时通过敲击键盘上相应的键位达到录入数据的目的。按照功能的不同，将键盘划分为5个区：打字键盘区、编辑键区、功能键区、状态指示区、数字小键盘区，如图4.1所示。

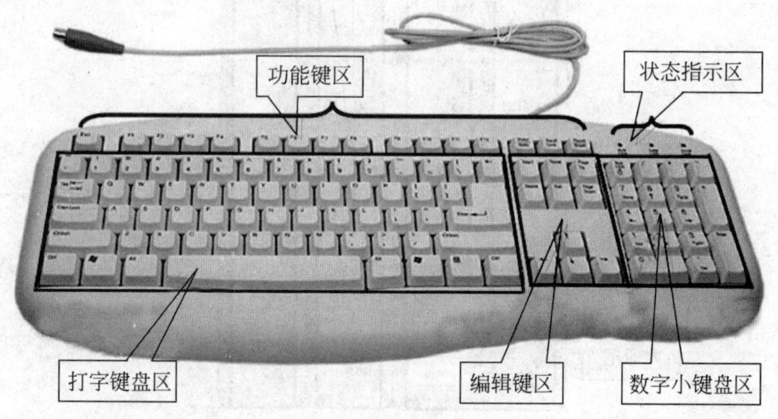

图4.1　键盘分区

2. 数字键分布及指法

数字键分为打字键盘区数字键和数字小键盘区数字键。打字键盘区上的数字键用双手按键，数字小键盘区上的数字键用右手单手按键。

（1）打字键盘区上的数字键打字指法——手指在按键后应当及时回到基本键上。指法如图4.2所示。

图4.2 打字键盘区指法

左手：小拇指管理1键，无名指管理2键，中指管理3键，食指管理4键、5键。

右手：食指管理6键、7键，中指管理8键，无名指管理9键，小拇指管理0键。

（2）数字小键盘区上的数字键打字指法——保证数字锁定键指示灯亮，如果没有亮，需要按一次NumLock键，使小键盘区为数字输入状态。右手大拇指管理0键，右手食指管理1键、4键、7键和NumLock键，右手中指管理2键、5键、8键和除（/）键，右手无名指管理小数点（.）和Del键、3键、6键、9键和乘（*）键，右手小拇指管理Enter（回车）键、加（＋）键、减（－）键。指法如图4.3所示。

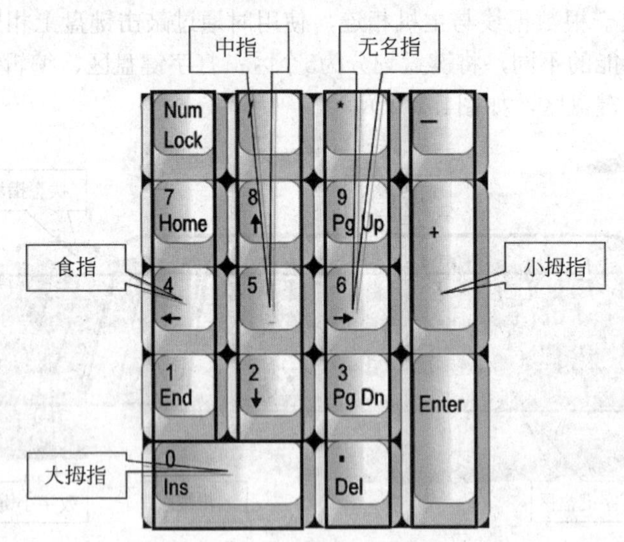

图4.3 数字小键盘区指法

3. 打字姿势

（1）上身挺直，肩膀放平，肌肉放松，两脚平放地上，切勿交叉单脚立地。

（2）手腕及肘部成一直线，手指弯曲自然适度，轻放于基本键上，手臂不要张开。

（3）将屏幕调整到适当的位置，视线集中在屏幕上，尽量不要查看键盘以免视线的一往一返，增加眼睛的疲劳。

4. 打字要领

（1）将右手大拇指放在0键上，右手食指放在4键上，右手中指放在5键上，右手无名指放在6键上，右手小拇指放在Enter键上。

（2）手指弯曲要自然，手臂不可张开太大。

（3）手指按打字键要正确，按键要轻，放松要快，按键之后手指要立刻回到基本键上。

（4）速度要平均。

5. 打字练习

练习时，可以先练习基本数字键，以3个数字键为一组训练输入整数，然后训练输入小数，最后以实际要录入的数据进行综合训练。

提高速度方法：用1～2天时间练习指法、坐姿、盲打，第三天测试成绩可以达到每分钟120～240字符，准确率99%以上。

6. 账表算与传票算

账表算与传票算是在日常经济工作中应用较多、要求较高的两项计算业务。

在经济业务中，企业部门的会计核算，统计报表、财务分析、计划检查等业务活动，其报表资料的数字来源都是通过会计凭证的计算、汇总而获得的。这些会计凭证的汇总即传票运算，其运算速度及结果准确与否，直接影响到各个项目业务活动数据的可靠性和及时性；而报表、汇总表均属于表格计算，通过这些报表汇总运算，取得有效数字，从而为有关部门制定政策提供数字依据，可见账表算和传票算是财会工作者日常工作中的一项很重要的基本功。

另外，随着计算机的广泛使用，传票算的小键盘形式，也日益成为各工商企业（收银员、会计员）、金融业（储蓄员）处理日常业务的基本方式，小键盘数字录入的快速与准确，也成为评判从业者业务素质高低的标准之一。

1）账表算

账表算又称表格算，是日常经济工作中最常见的加减运算形式。会计报表的合计算、累计算、分组算等均属于此类运算。

（1）账表算的题型（以珠算普通4～6级标准设计）。账表算的一张表格由5列15行组成，即纵向5个算题，横向15个算题，最高位数为6位，最低位数为3位，每道题均衡排列，纵向题的第三题、第五题，横向题的第四题、第七题、第十题、第十二题设有减数题，全表共计运算数码775个。

（2）账表算的运算方法（纵向题）。账表中的纵向题与珠算等级练习题相同，可采用一目三行简捷算法，把账表放在算盘下面，左手指数，并随着计算把题单向上推，使其计算的行数尽量与盘面的距离接近，以便看数，拨珠，抄写答数能快速进行。

（3）账表算的运算方法（横向题）。账表算中的横向算题因平时练习较少，较好的打法是“钟摆式”，即第一题→（从高位往低位打）、第二题←（从低位往高位打）、第三题→、第四题←、第五题→。左手指所指（小拇指指第一组数，无名指指第二组数，中指指第三组数，第四组、第五组数不用手指，直接眼看入盘）。

（4）计分方法。账表算的计分方法采用百分制。纵向题每题计9分；横向题每题计3分；轧平数计10分（横向或纵向任错一题，即使轧平数是正确的仍不得分）。

2）传票算

传票算也称为凭证汇总算，它是对各种单据、发票和记账凭证进行汇总计算的一种方法，也是加减运算中的一种常用方式。

（1）传票的分类。传票按是否装订，可分为订本式传票和活页式传票两种，这里介绍订本式传票。

（2）传票算的样式。日常练习中，传票本是练习传票算的依据。订本式传票本，一般每本为100页，每页的右上角印有阿拉伯数字表示页码，每页传票上有5笔（行）数字，每行数字前自上而下依次印有（一）（二）（三）（四）（五）的标志，“（一）”表示第一行数，“（二）”表示第二行数，以下同理。每行最高位数有7位数字，最低位数有4位数字。

（3）传票算的运算要求。根据传票算的运算特点，计算时除用算盘或小键盘外，另需一张传票算试题答案纸，传票算每20页为一题，运算数码110个。

第一题要求从第6页起，运算到25页截止，“（二）”表示把每页第二行数字累加起来，然后将结果填写在合计栏中。

（4）传票算的具体运算步骤与方法。

① 整理传票本。传票运算时左手要翻页（打一页翻一页），为了既提高运算速度加快翻页的动作，又避免翻重页或漏页的现象，运算前除了应检查传票本有无缺页、重页或数字不清晰以外，还需将传票本捻成扇面形状。

② 捻扇面的方法。用左手握住传票的左下角，拇指放在传票封面的上部，其余4指放在传票本背面；右手握住传票的右上角，拇指放在传票封面的上部，其余4指放在传票背面，左右手向里捻动，形成扇形后，用票夹将传票本左上角夹住，以固定扇面。扇面形状的大小依需要而定。

③ 传票本的摆放位置。如果使用算盘计算，传票本可摆放在算盘的左下方，答题纸放在算盘的右下方，传票本摆放的位置以看数和计算方便为宜。如果使用小键盘计算，传票本应放在左边，答题纸应放在中间（传票本应压住答题纸，以不影响看题、写数为宜）。

（5）传票本的翻页、找页、记页。

① 翻页的方法。左手小指、无名指和中指放在传票本左下方，食指、拇指放在每题的起始页，用拇指的指腹处轻轻靠住传票本应翻起的页码，翻上来后食指配合拇指把翻过的页码夹在中指与食指的指缝中间以便拇指继续翻页。

② 找页的方法。找页是传票算的基本功之一。由于传票试题在拟题时并不按自然顺序，而是相互交叉，这就需要在运算过程中前后找页（顺找页、倒找页），从前面我们看到的答题纸页码顺序就可以看出。

③ 记页的方法。传票算除翻页外还需要记页，传票算每题由20页组成，为避免在计算中发生超页或打不够页的现象，必须在计算过程中默记打了多少次，记到第20次时核对该题的起止页，立即书写答数。

3）完成账表算与传票算的练习

完成表4.1中的账表算练习。

表 4.1

序号	一	二	三	四	五	合计
1	4 698.14	860 548.71	7 608.58	861 081.99	288 828.40	
2	68 414.54	897 456.94	286 765.07	2 918.16	−1 288.14	
3	8 048.48	889 576.64	706 157.68	90 268.78	217 108.88	
4	4 845.41	45 415.75	15 872.28	−9 926.05	−38 878.14	
5	84 594.14	40 681.95	658 607.87	706 679.18	78 190.88	
6	85 189.68	698 158.47	726 780.16	−9 660.91	988 487.81	
7	418 890.54	81 901.89	652 761.25	66 098.92	−90 789.88	
8	16 984.75	969 817.98	727 186.57	−28 676.10	498 174.18	
9	14 868.49	154 749.48	66 588.77	67 829.69	8 401.79	
10	88 048.47	985 418.97	871 852.06	−87 018.89	−80 847.98	
11	4 446.94	874 160.89	766 721.08	89 962.05	427 888.09	
12	1 588.04	1 547.96	1 025.68	−9 988.61	−72 049.82	
13	648 859.44	980 879.40	268 568.71	86 086.97	8 802.87	
14	984 681.44	69 057.81	2 058.67	166 901.78	908 878.28	
15	85 104.48	867 199.88	702 605.71	261 988.09	849 828.81	
16	62 520.00	805 716.00	782 482.00	8 917.00	216 489.00	
17	706 152.00	9 078.00	8 674.00	192 829.00	82 642.00	
18	28.00	40 589.00	717 824.00	−67 122.00	828 266.00	
19	629 710.00	954 640.00	72 567.00	71 698.00	26 948.00	
20	71 020.00	1 008.00	157 487.00	294 281.00	−48 891.00	
合计						

完成表4.2中的传票算练习。

表 4.2

题序	起讫页数	行数	答案	题序	起讫页数	行数	答案
1	9～28	（四）		16	9～28	（五）	
2	26～45	（三）		17	22～41	（一）	
3	46～65	（一）		18	42～61	（三）	
4	66～85	（二）		19	67～86	（四）	
5	50～69	（五）		20	81～100	（二）	
6	2～21	（五）		21	2～21	（二）	
7	17～36	（二）		22	14～33	（一）	
8	34～53	（四）		23	34～53	（三）	
9	54～73	（一）		24	41～60	（五）	
10	74～93	（三）		25	76～95	（四）	
11	10～29	（三）		26	6～25	（一）	
12	23～42	（五）		27	26～45	（四）	
13	28～47	（二）		28	44～63	（二）	
14	57～76	（四）		29	66～85	（五）	
15	62～81	（一）		30	81～100	（三）	

项目5

电子计算器运用训练

现代会计工作中，熟练灵活应用电子计算器是会计的一项基本功。准而快地进行单据的汇总计算是会计人员每个月重复运用的技能。

你的目标

熟练掌握电子计算器各功能键的使用方法并能够正确地应用，解决实际工作中遇到的计算问题。

学做合一

电子计算器是电子计算机大家族中的成员之一，具有计算速度快，精确度高，有记忆和逻辑判断的能力；体积小，重量轻，便于携带，计算功能较强等优点。因此电子计算器已成为人们日常生活中不可缺少的计算工具。目前生产的电子计算器种类繁多，规格也不统一。按电子计算器的功能、显示器的特点和运算方法进行分类，可分为如下几类。

1. 按照电子计算器功能分类

1）简单计算器（通用型计算器）

简单计算器可以进行加、减、乘、除四则运算，有的能进行乘方、开方、百分比计算。这种计算器操作简单，便于携带，适用于日常一般运算，属于普及型，也有人称它为算术型计算器。

2）科学计算器（函数型计算器）

科学计算器除具有普通型计算器的功能外，还具有三角函数、指数函数、反三角函数、对数、倒数、幂函数、阶乘、坐标转换、复数运算、角度变换等运算功能。它还可以利用 EXP 键把参与运算的数用科学计数法表示出来，把计算结果以$a\times10^n$形式显示，将计算器的数值范围扩大很多倍。

3）专用计算器

目前专用计算器最多的一种是供财会人员使用的计算器，可做加、减、乘、除四则运算、百分比运算等，有的还附加一些其他的功能，如日历、报时等。

4）程序型计算器

程序型计算器是近年来发展最快的一种个人用高级计算器，它除具有函数型计算器的全部功能外，还具有解逻辑方程、代数方程及微分方程的功能。这类计算器一般具有两个以上的数码寄存器，而且具有不同容量的存储器。

2. 按电子计算器显示器的特点分类

1）微型数码管显示器计算器

微型数码管显示器计算器的显示器是由微型数码管组成的。数码管显示清晰明亮，可在任何场合使用，但其功耗较大。

2）液晶型显示器计算器

液晶型显示器计算器最主要的优点是功耗小，省电，但它本身不发光，只能反射入射的光线，因此在无光处不能使用。

3. 按照运算方法分类

1）法则运算计算器

法则运算计算器在执行数学运算时，按数学法则进行运算，即先乘除、后加减。如1 [+] 2 [×] 3，可以按照算式的次序直接按入，即1 [+] 2 [×] 3 [=]计算器会按先乘后加法则运算，结果为7。

2）顺序运算计算器

顺序运算计算器的运算是按照操作先后顺序进行的，即先输入的先算，后输入的后算，不是先乘除后加减。如1 [+] 2 [×] 3 [=]，采用这类计算器依先后顺序按键变成[(]1 [+] 2[)] [×] 3 [=]，运算结果是9，而不是7。要得到正确结果，按键次序应当为2 [×] 3 [+] 1 [=]。

4. 电子计算器各功能键介绍

电子计算器的功能键如图5.1所示。

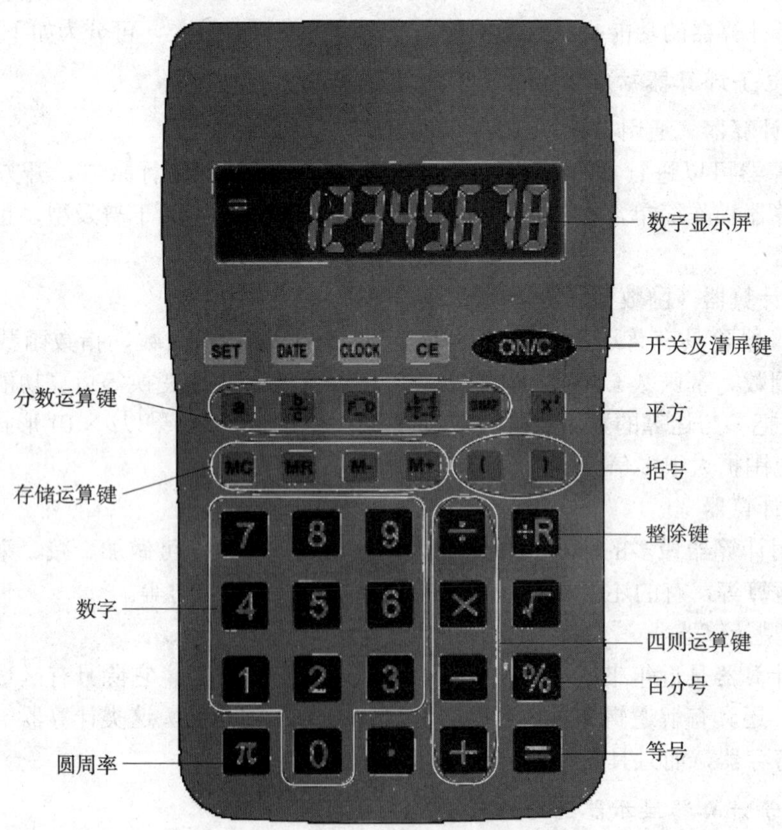

图5.1　电子计算器的功能键

1）接通/关闭键

计算器键盘上的ON键（有的是开关ON/OFF）：可接通计算器电源，显示器亮表示电源接通。电源接通键有两种：一种是安装在计算器旁边的，一般都是上下推动开关；另一种一般是安装在键盘上方右侧，设有ON和OFF两个键，按ON键表示开，按OFF键表示关。

2）清除键

AC及C是国内流行的各种计算器的两个清除键，AC键是总清除键，用来清除计算器中的一切运算及数字，但不能清除存储器中的数。C键是局部清除键，用来清除最后输入的数字及运算符号，在更正按错的数值时经常使用。

3）数据输入键

（1）0～9、.为数字及小数点输入键：每按动一次则输入一个数字或小数点，如要输入67.8，则按6 7 . 8键，此时显示器显示“67.8”。

（2）+/−（CHS SC −）是正负交换键（改号键）：要改变输入数据的正负号时，只要按该键，正数就会变成负数。它的使用顺序与书写时不同，是先按入数值，再按改号键。如要输入−9，则先按9键，再按+/−键。

（3）EXP（EX）为科学记数法指数控制功能键：当数值要用指数形式表示时使用此键。

4）基本运算键

（1）+ − × ÷：四则运算功能键。

（2）( )：括号运算功能键。

（3）%：百分比自动显示功能键。

（4）=：运算结果显示功能键。

5）存储键

（1）SUM或M+为存储累加键：这个功能键可代替等号显示运算结果，能把显示数据存入存储器并与原存储数据相加后，存入存储器中。

（2）M−为存储累减键：这个功能键是把显示数据的正数作为负数存入存储器，并可以把显示的数据从存储器中扣除。

（3）X→M（MS）为显示数据存储功能键：这个功能键是作为单数值存储使用的。它可以消去原有的存储数据的同时输入显示数据。当显示数据为零时，按这个功能键还可以清除存储的数据。因而有的计算器利用这个功能兼作存储消除功能，使存储器内存数据为零。

（4）RCL或MR为数据存储调出键：若存储器中已存储数据，则按RCL键，可将该数据调出，重新显示在显示屏上，并可用于各种计算。按RCL键后，存储器中的数据仍然存在，只要需要，任何时候都可以取出。

5. 用计算器完成练习

（1）用计算器计算下列各题，并将过程填在表5.1～表5.3内。

① 1643+703×859=

表 5.1

按　键	显　示
结　果	

② 570＋390÷15＝

表 5.2

按　键	显　示
结　果	

③ （176＋84）÷（250－237）＝

表 5.3

按　键	显　示
结　果	

（2）完成表5.4中的账表算练习。

表 5.4

序号	一	二	三	四	五	合计
1	349 827	9 240	270 658	462 537	91 563	
2	823 409	473 598	9 143	—604 921	59 281	
3	7 830	69 825	381 609	3 609	645 319	
4	316 578	716 042	42 813	205 416	129 075	
5	978 325	804 795	964 378	41 267	2 406	
6	60 174	123 409	159 826	5 823	607 928	
7	241 563	7 863	32 570	981 537	—910 267	
8	6 245	591 280	761 409	497 823	36 781	
9	80 791	327 458	3 127	820 395	945 306	
10	705 429	80 591	682 951	7 608	281 437	
11	67 891	6 437	736 098	253 041	523 014	
12	390 467	390 521	5 283	—84 356	479 532	
13	153 078	16 294	694 320	758 169	5 603	
14	4 235	625 317	41 578	906 548	280 179	
15	8 140	147 593	678 019	368 175	73 240	
16	29 168	841 679	607 593	45 201	2 785	
17	517 293	2 096	748 625	50 943	674 981	
18	538 271	534 821	18 943	6 170	—405 269	
19	451 769	67 592	4 025	394 817	493 076	
20	70 415	836 715	860 452	936 281	9 804	
合计						

第二篇

会计实务技能训练

在这一篇，我们虚拟了一个企业，让读者亲身体验实际的会计工作流程，从收到原始凭证开始编制记账凭证，然后根据记账凭证登记账簿，最后再编制出会计报表的整个操作流程，读者会对会计的具体操作过程有一个更清晰的认知。

接下来，按照给定步骤开始我们的会计实务操作技能的训练吧！

第1步：熟悉企业概况、会计政策及企业的会计核算方法等。

第2步：根据科目性质，选择合适类型的账页，根据企业期初资料开设总账、明细账和日记账。

第3步：根据本月发生的经济业务所取得或填制的原始凭证编制记账凭证，并将原始凭证附在记账凭证的后面。

第4步：根据会计凭证登记账簿。

第5步：熟悉各种费用的归集和分摊，计算完工产品成本，并结转已出售产品成本。

第6步：结出各种账户余额并将损益类账户转入“本年利润”账户。

第7步：根据记账凭证登记账簿，同时编制“T”形账户。

第8步：编制资产负债表和利润表。

第9步：装订凭证。

项 目 6

会计实务操作流程

在动手开始做具体实务操作之前，我们先学习一下会计实务操作流程的细节。虽然通过前面的学习已经具备会计的基础技能，但是对会计实务操作整体框架还很模糊。在实际会计工作中，会计核心工作就是：填制与审核原始凭证、编制记账凭证、登记会计账簿，最终编制会计报表。

任务6.1 会计凭证的填制规范

你的目标

熟练掌握原始凭证的填制技能，比如现金支票、转账支票等银行结算单据填制，增值税专用发票开具，领料单、入库单填制等；能够在入账前审核原始凭证的真实性、合法性、完整性等内容；能够根据会计基本记账原理规范编制记账凭证。

学做合一

1. 原始凭证的填制规范

根据《中华人民共和国会计法》（以下简称《会计法》）和《会计基础工作规范》的规定，填制、取得原始凭证应符合以下要求。

1）真实正确

原始凭证是用来证明经济业务的发生或完成情况的，是编制记账凭证的依据，其内容正确与否，直接影响下一步的会计核算，直接影响会计信息的真实性、可靠性。

在填制原始凭证时，应使凭证上所记载的内容同发生业务的实际情况保持一致，即凭证上的日期、经济业务内容和数据必须按照经济业务的实际发生或完成情况来填制，保证其真实、可靠，不得填写匡算或估计数；作为具有法律效力的证明文件，在填制原始凭证时，绝不允许以任何手段弄虚作假、伪造或变造原始凭证。凡填有大写和小写金额的原始凭证，大写与小写的金额必须相符。

2）内容完整

原始凭证的基本内容应填写齐全，不得遗漏或简略。经办业务的有关部门和人员要认真审查，并签名盖章。内容不齐备的原始凭证是无效的，不能作为经济业务的合法证明，不得作为会计核算的原始书面证明。

3）手续完备

填制原始凭证时，必须符合手续完备的要求，与经济业务有关的部门和人员认真审核，签名盖章。

（1）从外单位取得的原始凭证，必须加盖有填制单位的公章；其中发票和收据还必须盖有税务部门或财政部门监制章；从个人处取得的原始凭证，必须有填制人员的签名或签章。

（2）自制原始凭证必须有收款人、经办人、经办部门负责人或指定人员的签名或签章。

（3）对外开出的原始凭证，必须加盖本单位公章。所谓“公章”，应是具有法律效力和规定用途，能够证明单位身份和性质的印章，如财务专用章、发票专用章、收款专用章、结算专用章等。

（4）收、付款项的原始凭证应由出纳人员签名或盖章，并分别加盖“现金收讫”“现金付讫”“银行收讫”“银行付讫”等专用章；转账凭证须加盖“转讫”章。

（5）支付款项的原始凭证，必须有收款单位和收款人的收款证明；不能仅以支付款项的有关凭证如银行汇款凭证等代替，以防止舞弊行为的发生。

（6）购买实物的原始凭证，必须有验收证明。实物验收工作由经管实物的人员负责办理，会计人员通过有关的原始凭证进行监督检查。需要入库的实物，必须填写入库单，由实物保管人员验收后在入库单上填写实收数额，并加盖印章；不需要入库的实物，除经办人员在凭证上签章外，必须交与实物保管人员或者使用人员进行验收，由实物保管人员或者使用人员在凭证上签名或者盖章。

（7）职工因公借款，应填写正式借据，并附在记账凭证之后。收回借款时，应当另开收据或者退还借据副本，不得退还原借款收据。因为借款和收回借款虽有联系，但又有区别，在会计上需分别进行处理，如果将原借据退还给了借款人，就会损害会计资料的完整性，使其中一项业务的会计处理失去依据。

（8）对于职工报销的原始凭证，按规定应该签字的人员必须全部签字，签字必须签全称，不能只签姓；签字人签署完姓名后，还应当签署签字的日期；领导签字应当明确表明是否同意报销；有多张凭证都需要签字时，要一张一张分别签字，不能用复写纸同时签。

（9）经上级批准的经济业务，应将批准文件作为原始凭证的附件；如果批准文件需要单独归档，应在凭证上注明批准机关的名称、日期和文件字号。

（10）发生销货退回的，除填制退货发票外，还必须有退货验收证明；退款时，必须取得对方的收款收据或者汇款银行的凭证，不得以退货发票代替收据。

（11）增值税专用发票必须按照税务部门的规定填制。

4）书写清楚、规范

填制原始凭证时，字迹要清楚、整齐和规范，易于辨认。例如，阿拉伯数字应当一个一个地写，不得连笔写；汉字大写数字金额如零、壹、贰、叁、肆、伍、陆、柒、捌、玖、拾、佰、仟、万、亿等，一律用正楷或者行书体书写，不得用简化字代替；所有以元为单位的阿拉伯数字，除表示单位等情况外，一律填写到角分；无角分的，角位和分位写“00”，或者符号“—”；有角无分的，分位应当写“0”，不得用符号“—”代替。

5）填制及时

会计核算的及时性原则要求企业的会计核算应当及时进行，不得提前或延后。在经济业务发生后，要及时取得或填制原始凭证，据以编制记账凭证、登记账簿，以保证会计信息的时效性。一般来说，填制或取得的原始凭证送交会计机构的时间最迟不应超过一个会计结算期。

6）连续编号

各种原始凭证必须连续编号，以便查考。如果是已预先印定编号的原始凭证，在写坏作废时，应加盖“作废”戳记，并全部保存，不得撕毁。

7）不得涂改

原始凭证所记载的各项内容均不得涂改，随意涂改的原始凭证即为无效凭证，不能作为填制记账凭证或登记会计账簿的依据。当原始凭证发生错误时，应区别不同情况进行处理，以防止舞弊的发生，保证原始凭证的质量。

（1）若记载内容有误，应由出具单位重开或更正，更正时必须在更正处加盖出具单位的印章。

（2）若凭证记载金额有误，不得更正，只能由凭证开具单位重新开具。

（3）对于重要的原始凭证，如支票以及各种结算凭证，一律不得涂改。

（4）对于预先印有编号的各种凭证，在填写错误后，要加盖“作废”戳记，并单独保管。

2. 记账凭证的填制规范

根据《会计法》和《会计基础工作规范》的规定，在填制记账凭证时，除了应符合原始凭证的填制要求外，还应符合以下要求。

1）填制依据

填制记账凭证必须以审核无误的原始凭证或汇总原始凭证为依据。填制记账凭证时，可以根据每一份原始凭证单独填制，也可以根据同类经济业务的多份原始凭证汇总填制，还可以根据汇总的原始凭证来填制，但不得将不同内容和类别的原始凭证汇总填制在一张记账凭证上。

2）编制日期

编制记账凭证的日期应以财会部门受理会计事项的日期为准，年、月、日应写全。收付款业务要登入当天的日记账；记账凭证中的收款凭证与付款凭证的日期应该是货币资金收付的日期（但与原始凭证的日期不一定一致）；转账凭证将会计部门收到原始凭证的日期作为记账凭证的日期，但需要在摘要栏注明经济业务发生的实际日期。

3）连续编号

填制记账凭证时，必须对记账凭证进行连续编号，不得漏号、重号、错号。其目的是分清会计事项处理的先后顺序，便于记账凭证与会计账簿之间的核对，确保记账凭证的完整。

记账凭证必须按月编号，每月编号一次，即从每月第一号编起，顺序编至月末。记账凭证的编号，要根据不同情况采用不同的方法。

（1）采用通用记账凭证的，应按经济业务发生的日期顺序统一编号，以本月第一笔业务填制第1号凭证起，至本月最后一笔业务填制第×号凭证为止。

（2）采用专用记账凭证（收款凭证、付款凭证和转账凭证）的，可以采用“字号编号法”，即按凭证类别顺序编号（如收字第×号、付字第×号、转字第×号），或者按现金收入、现金支出、银行存款收入、银行存款支出及转账5类进行编号（如现收第×号，现付第×号，银收第×号，银付第×号，转字第×号）；也可采用“双重编号法”，即按总字顺序编号与按类别编号相结合（如某付款凭证为“总字第×号，付字第×号”等）。

（3）若一笔经济业务需要填制两张或两张以上的记账凭证时，可采用分数编号法。如第9号凭证涉及的业务需编制3张记账凭证，这3张凭证编号分别为$9\frac{1}{3}$号、$9\frac{2}{3}$号、$9\frac{3}{3}$号，其中9表示业务顺序号，分母3表示该业务顺序号的凭证共有3张，分子1（2、3）表示 3 张中的第1（2、3）张。

4）摘要精练

记账凭证摘要一方面是对经济业务的简要说明；另一方面也是登记账簿的重要依据。因此，记账凭证的摘要必须针对不同性质的经济业务的特点，考虑登记账簿的需要，简明扼要地正确填写，让人一目了然。

摘要应与原始凭证的内容一致，能正确反映经济业务的主要内容，表述简短精练；应能使阅读者通过摘要了解该项经济业务的性质、特征，判断出会计分录的正确与否，而不必再去翻阅原始凭证或询问有关人员。

5）科目正确

记账凭证的会计科目名称及金额的填写要准确、完整。会计人员应根据发生的经济业务，选择正确的会计科目编制会计分录。会计科目的使用，应符合国家统一会计制度的规定，不得随意改变会计科目的名称和核算内容，不得只写科目编号、不写科目名称，同时要写明记账方向，以便于登账。

填制记账凭证时应填明一级科目名称，设有二级科目或明细科目时，也应填写清楚。一行只能填一个会计科目，借方或贷方金额应与对应的科目在同一行。

6）金额无误

记账凭证的金额数字填写必须正确无误，并且符合数字书写规定，角位、分位不得留空白。合计金额的第一位数字前要注明人民币符号（￥）。

7）附件完整

为了证明记账凭证的真实性、合法性，同时也为了便于查核，应将原始凭证附在有关的记账凭证后面，作为它的附件，并在记账凭证上注明附件的张数。结账和更正错账的记账凭证可以不附原始凭证。

所附原始凭证的张数，一般以原始凭证的自然张数为准。凡是与记账凭证的经济业务记录有关的证据，都应作为原始凭证的附件计数。

如果记账凭证中附有原始凭证汇总表，也应计入附件张数之内。但报销差旅费等零散票券，可以粘贴在一张纸上，作为一张原始凭证。

一张原始凭证如涉及几张记账凭证的，可以将该原始凭证附在一张主要的记账凭证后面，在其他记账凭证上注明该主要记账凭证的编号或者附上该原始凭证的复印件。

8）划线注销

记账凭证填制完经济业务事项后，如有空行，应当在金额栏自最后一笔金额数字下的空行处至合计数上的空行处划线注销。

在实务中，如果合计金额栏的金额前填列了“￥”符号，通常就不用划销未用金额栏。

9）签名盖章

记账凭证填写后，应进行复核和检查，有关人员均要签名或盖章。出纳人员根据收、付款凭证收入款项或付出款项时，应在凭证上加盖“收讫”或“付讫”的戳记，以免重收重付，出现差错。

任务6.2 会计账簿的设置与登记规范

你的目标

熟练掌握会计账簿的设置；能够依据《会计法》和国家统一会计制度等相关规定，结合单位的实际情况开设账户，确定账簿、账页等；能够规范地启用新的会计账簿；熟练规范地登记总账、明细账、日记账等会计账簿；期末能够在进行对账工作的基础上，予以结账；能够对错账规范地进行更正，选择和应用错账更正的具体方法。

1. 会计账簿的设置规范

会计账簿的设置是各企事业单位根据《会计法》《会计基础工作规范》和相关会计制度的原则规定，结合本单位会计核算业务的需要，建立有关的会计账簿，构成本企业会计核算体系的过程。

会计账簿的设置一般是在企业开张或更换新账之前进行。所有实行独立核算的企业都必须依法设置登记会计账簿，并保证其真实、完整，不得违反《会计法》和国家统一的会计制度规定私设会计账簿进行登记。

1）日记账的设置

为了加强对货币资金的管理，企业应设置现金日记账和银行存款日记账两本特种日记账，以序时地反映其收入、支出和每日的结存情况。有外币业务的企业，还应分别设置人民币和各种外币日记账。

现金日记账和银行存款日记账一律采用订本式账簿，账页格式一般为三栏式，即在金额栏设置借方栏、贷方栏和余额栏3个基本栏目，分别反映现金的收入、支出和结余情况。为了清晰地反映现金收付业务的具体内容，在“摘要”栏后，还可以专设“对方科目”栏，登记对方科目名称。

2）总账的设置

总账能够全面、总括地反映经济活动和财务收支情况，并为编制会计报表提供资料，因此，每一个企业都要设置总账。必须注意，所设置的总账科目名称应与国家统一会计制度规定的会计科目名称一致。

总账一般采用订本式账簿，但科目汇总表总账可以是活页式。如果同一本账簿登记若干个总账账户，应事先为每个账户预留若干账页。

企业可以自行选择总账格式，主要取决于企业采用的账务处理程序。总账的格式有三栏式、多栏式（日记总账）、棋盘式和科目汇总表总账等。我国采用较为普遍的是三栏式总账格式，即在账页中设置有借方、贷方和余额3个金额栏。此外，为了更直接地从总账账户中了解经济业务的来龙去脉，也可以设置反映对方科目的三栏式总账，也就是在“摘要”栏与金额栏之间设置一个“对方科目”栏，或者在“借方”金额栏和“贷方”金额栏中分别设置对方科目栏。

3）明细账的设置

为了满足经营管理的需要，企业应在设置总分类账的基础上，按照明细科目开设明细分类账，提供有关经济业务的详细资料。现金和银行存款由于已经设置了日记账，就不必再设置明细账了。

明细账一般采用活页式账簿，有的也采用卡片式账簿，如固定资产明细账。明细账的账页格式主要有三栏式、数量金额式和多栏式3种格式，企业应根据各项财产物资管理的需要选择明细账的格式。其中，三栏式明细账适用于只需进行金额核算而不需要进行数量核算的债权、债务结算科目和资本类科目，如“应收账款”“应付账款”“应交税费”等往来结算账户；数量金额式明细账适用于既要进行金额核算，又要进行实物数量核算的各种财产物资科目，如“材料”“库存商品”等账户；多栏式明细账适用于只记金额，同时又需要了解其构成内容的详细资料的费用、成本、收入和利润等科目。

4）备查账簿的设置

备查账簿并不是一定要设置，企业可以根据自身的需要来设置备查账簿。备查账簿主要用于对某些经济业务提供必要的参考资料，如“受托加工材料登记簿”“代销商品登记簿”等。

5）账簿封面的设置

会计账簿应设置封面，标明单位名称、账簿名称（如总分类账、各种明细分类账、现金日记账、银行存款日记账等）及所属会计年度。账簿的扉页，应设立账簿启用表。账簿的第一页，应设置账户目录并注明各账户页次。

6）账户的设置

账簿中的总账是按会计科目的名称和顺序设立的，每一个科目设立一个账户。明细账原则上每一个子目设立一个明细账户，但可根据实际情况增设或删减。

为便于查找，提高登账速度，可以在账簿上方或右面粘贴口取纸，写上会计科目。口取纸的粘贴标准为：打开账本封面，可见口取纸上科目名称；合上封面，几乎不露口取纸。

2. 会计账簿的登记规范

账簿是重要的会计档案。为了确保账簿记录的规范和完整，明确记账责任，在启用账簿时，应遵守以下规则。

1）设置账簿的封面、封底

除订本式账簿不另设封面外，各种活页式账簿，均应设置与账页大小相一致的账夹、封面、封底，并在封面正中部分设置封签，用蓝黑墨水书写单位名称、账簿名称及所属会计年度。

2）填写“账簿启用及交接表”

新会计账簿启用时，应首先填写在账簿扉页上印制的“账簿启用及交接表”中的启用说明部分，内容包括：启用日期、账簿页数、记账人员和会计机构负责人、会计主管人员姓名，并加盖名章和单位公章。

记账人员或者会计机构负责人、会计主管人员调动工作时，应办理交接手续并填写“账簿启用及交接表”，注明交接日期、接办人员或者监交人员姓名，并由交接双方人员签名或者盖章。

3）编写账簿页码和账户目录

（1）启用订本式账簿，对于未印刷顺序号的账簿，应当从第一页到最后一页顺序编定页数，不得跳页、缺号（大部分订本式账簿会直接印上页码，不需再填）。

（2）使用活页式账页，应当按账页顺序编号，并须定期装订成册，装订后再按实际使用的账页并顺序编定页数，同时另加目录，记明每个账户的名称和页次。

（3）总账和明细账一般情况下无须一个科目设置一本账簿，可以将账簿分页使用。在启用账簿时，会计人员应为每一个账户预留一定的页数，同时将每一个账户用口取纸分开，并在口取纸上写明每一种业务的会计科目名称，以便在登记时能够及时找到应登记的账页。假如某一本总账账本从第1页到第10页登记现金账户，就在目录中写清楚“现金1～10”，并且在总账账页的第1页贴上口取纸，口取纸上写清楚“现金”；第11页到第20页登记银行存款账户，就在目录中写清楚“银行存款11～20”，并且在总账账页的第11页贴上写有“银行存款”的口取纸，以此类推。此外，为账簿登记的方便，在分页使用账簿时，在口取纸选择上可将不同账户按不同颜色区分开。

4）粘贴印花税票内容

（1）使用缴款书缴纳印花税，在账簿启用表的右上角注明“印花税已缴”及缴款金额，缴款书作为××××年××月××日第×号记账凭证的原始凭证。

（2）印花税票一律贴在账簿启用表的右上角，并在印花税票的中间划两条出头的注销线，以示税票注销。

3. 会计账簿的登记规则

会计人员应当根据审核无误的会计凭证登记账簿，同时遵循《会计基础工作规范》和相关会计法规、制度对登记账簿的相关要求。

1）审核凭证

根据审核无误的会计凭证登记账簿是基本的记账规则。在登记账簿之前，记账人员首先应当审核会计凭证的合法性、完整性和真实性，这是确保会计资料真实性的重要措施。

2）准确完整

登记会计账簿时，应当将会计凭证的日期、编号、业务内容摘要、金额和其他有关资料逐项记入账簿内，并做到内容完整、数字准确、摘要清楚、登记及时、字迹工整。

3）在记账凭证上注明记账符号

为了避免重复记账或漏记，在将某一张记账凭证上的业务登记入账后，要在该记账凭证上签名或者盖章，并注明已经登账的符号（如“√”），表示已经记账。

4）书写标准

为了便于更正错误和方便查账，登记账簿时要清晰、整洁，记账文字和数字都要端正、清楚，严禁刮擦、挖补、涂改或用药水消除字迹。

书写的文字和数字上面要留有适当空格，不要写满格，一般应占格距的1/2。这样既留有改错的空间，又保持了美观。

登记账簿要用蓝黑墨水或者碳素墨水书写，不得使用圆珠笔（银行的复写账簿除外）

或者铅笔书写。这是因为各种账簿归档保管年限长，国家规定一般都在15年以上，因此要求账簿记录保持清晰、耐久，以便长期查核使用，防止涂改。但是，下列情况可以用红色墨水记账。

（1）按照红字冲账的记账凭证，冲销错误记录。

（2）在不设借贷等栏的多栏式账页中，登记减少数。

（3）在三栏式账户的余额栏前，如未印明余额方向的，在余额栏内登记负数余额。

（4）根据国家统一会计制度的规定可以用红字登记的其他会计记录。

5）连续顺序登记

在登记账簿时，必须按账户页次顺序逐页登记，不得跳行、隔页。如果跳行、隔页时，应在空行、空页处用红色墨水画对角线注销，注明“此行空白”或“此页空白”字样，并由记账人员签章。

6）余额结转

凡需要结出余额的账户，结出余额后，应当在“借或贷”等栏内写明“借”或者“贷”字样，以表明其余额的方向。

没有余额的账户，应当在“借或贷”等栏内写“平”字，并在“余额”栏内用“θ”（在0中间画一线）表示。

现金日记账和银行存款日记账必须逐日结出余额。

7）逐页结转

账页记录到倒数第二行时，应办理“转页”手续。首先在该页的最末行分别加计本页借贷方的发生额，并结出余额，在该行摘要栏注明“过次页”，然后再把这个合计数及余额转移到次页的第一行的相应栏内，在次页第一行的摘要栏中注明“承前页”。“过次页”“承前页”可以用购买的会计通用章用红色印泥加盖，这样更美观。

8）错账更正要求

如果发现账簿记录错误，不得随意涂改，更不能刮、擦、挖、补或用涂改液更正，要用规定的错账更正方法予以更正，并由会计人员和会计主管人员签名或盖章。

9）编号完整

订本式的账簿都编有账页的顺序号，不得任意撕毁。活页式账簿也不得随便抽换账页，装订成册时应编分页码。

4. 对账规范

对账包括账簿与凭证的核对、账簿与账簿的核对、账簿与财产物资实存数额的核对。由于对账的内容不同，对账的方法也有所不同，一般的核对方法和内容如下。

1）账证核对

账证核对是指将账簿记录与记账凭证、原始凭证进行核对，这是账账相符、账实相符、账表相符的前提条件。账证核对工作在平时是通过编制凭证和记账中的“复核”环节进行的，使错账能及时更正。

账证核对的内容包括：总账与记账凭证汇总表是否相符；明细账与记账凭证的会计科目、借贷金额、摘要是否相符；日记账与记账凭证及所附原始凭证是否相符。涉及支票的，应核对支票号码；涉及银行其他结算票据的，应核对票据种类，以保证账证相符。

2）账账核对

账账核对是对各种账簿之间的有关记录进行核对，以做到账账相符。核对相符后，要在对账符号栏内打“√”，以示账簿核对完毕。账账核对的具体内容包括以下几个方面。

（1）总账账户余额的核对，即所有总账账户的借方发生额合计是否与贷方发生额合计相符，主要通过编制试算平衡表来核对。若借方合计数与贷方合计数相符，说明总账的登记基本上是正确的；若借方合计数与贷方合计数不等，就说明总账登记存在差错，应按规定的方法进行检查并更正。

（2）总账与明细账核对，即检查各总账账户的期末余额与其所属的各明细账的期末余额合计数是否相符，这一步骤可以通过编制“总账与明细账发生额及余额对照表”进行核对。

（3）总账与日记账核对，即现金日记账、银行存款日记账的本期发生额和期末余额与总账中现金账户、银行存款账户的本期发生额和期末余额是否相符。

（4）会计部门财产物资明细分类账的期末余额与财产物资保管和使用部门的有关财产物资明细分类账的期末余额核对相符。

3）账实核对

账实核对是对各种财产物资的实有数、款项等与账面余额进行核对。一般通过财产清查的方法进行。账实核对的具体内容如下。

（1）现金日记账账面余额与库存现金相互核对。

（2）银行存款日记账账面余额与银行各账户的银行对账单相互核对。

（3）各种材料物资明细账账面余额与材料物资实存数额相互核对。

（4）各种应收、应付款项明细账账面余额与有关的债权、债务单位相互核对。

5. 结账规范

结账是指在将本期内所发生的经济业务事项全部登记入账的基础上，按照规定的方法对该期内的账簿记录进行小结，结算本期发生额合计和余额，并将其余额结转下期或者转入新账。

结账可分为月结、季结和年结等。为了正确反映一定时期内在账簿记录中已经记录的经济业务事项，总结有关经济业务活动和财务状况，企业必须在会计期末进行结账，不能为赶编制财务会计报告而提前结账，更不能先编制财务会计报告后再结账。

1）结账的程序

（1）检查到结账日为止，以前发生的全部经济业务是否已全部登记入账，检查账簿记录有无错记、漏记或错误的记账分录，若发现应及时更正、补记。各种收入和费用应该按照权责发生制的要求进行处理。如该摊销的费用应摊销，该预提的支出应计提出来。

（2）编制结账分录。计算确定本期的产品销售成本，在有关经济业务都已经登记入账的基础上，要将各种收入、成本和费用等账户的余额进行结转，编制各种转账分录，结转到利润账户，再编制利润分配的分录。

（3）计算发生额和余额。计算出各账户的发生额和余额，结算出资产、负债和所有者权益科目的本期发生额和余额，并结转下期。

2）结账的方法

结账分为日结、月结、季结和年结4种，一般采用划线结账法，就是在结账的会计期间的所有会计分录记录之后，结出本会计期间内的本期发生额和期末余额，并划通栏单红线（月结或季结）或双红线（年结），表示会计期间账簿记录已经结束。若无余额的，可在“借或贷”栏内注明“平”字，并且在“余额”栏内注明“θ”符号（即在0上划一横）。具体结账方法如下。

（1）日结。现金、银行存款日记账应做到“日清月结”，即既要按日结出余额，也要按月结出余额。

“日结”一般自然进行，既可逐笔结计余额，也可每隔5笔结一次余额。每日的最后一笔应自然结出当日余额，不必另起一行。有的会计人员在“日结”时，总是另起一行，“摘要”栏内红字居中书写“本日合计”（只有“摘要”栏用红字，“金额”栏不用红字，下同），同时结出本日收入合计、支出合计及结存余额。这样做当然可行，只是一个月内要另起一行写出二十几个“本日合计”，既占篇幅，又没必要。

（2）月结。“月结”，就是在本月最后一笔记录下面划一条通栏单红线，表示本月结束；然后在下一行的“摘要”栏中用红字居中书写“本月合计”或“×月合计”，同时在该行结出本月发生额合计及余额；如果没有余额，就在“借或贷”栏内写“平”字，“余额”栏内写“0”或“θ”，最后，在“本月合计”行下面再划一条通栏红线，表示完成月结工作，以便与下月发生额划分清楚。

（3）季结。需要办理季结的，在季末最后一月月结的红线下面一行，结计本季借贷方发生额和季末余额，并在摘要栏内注明“本季合计”或“第×季度合计”字样；最后，再在累计数下面划一条通栏红线。

（4）年结。办理年结，要在第12个月的月结或第4季度的季结下面一行，结算出全年借贷方发生额和期末余额，并在摘要栏内注明“本年合计”字样；最后，在合计数下划两条通栏红线，表示完成年结工作。

3）过次承前

每一账页登记完毕结转下页时，应结出本页合计数及余额，写在本页最后一行和下页第一行有关栏内，并在本页的摘要栏内注明“转次页”字样，在次页的“摘要”栏内注明“承前页”字样；也可以将本页合计数及金额只写在下页第一行有关栏内，并在“摘要”栏内注明“承前页”字样。

“过次页”的本页合计数按以下方法计算。

（1）对需要结计本月发生额的账户，结计“过次页”的本页合计数应当为自本月初起至本页末止的发生额合计数，以便于月末结账时结计“本月合计”数，如现金、银行存款日记账和收入、费用等明细账。

（2）对需要结计本年累计发生额的账户，结计“过次页”的本页合计数应当为自年初起至本页末止的累计数，以便于平时结计“本年累计发生额”和年终结账时结计“本年累计数”，如损益类账户明细账。

（3）对既不需要结计本月发生额也不需要结计本年累计发生额的账户，可以只将每页末的余额结转次页，没有必要将本页的发生额结转次页，如存货明细账。

4）更换账簿

年终结账后，总账和日记账应当要更换新账，同时明细账也应更换。但有些明细账，如固定资产明细账等可以连续使用，就不必每年更换。

在年度更换账簿时，应在下一个会计年度新建有关会计账簿的“第一余额”栏内填写上年结转的余额，并在“摘要”栏内注明“上年结转”。

年度终了结账时，有余额的账户的余额，直接记入新账户“余额”栏内，不需要编制记账凭证，也不必将余额再记入本年账户的借方或贷方，使本年有余额的账户的余额变为零。因为既然是年末有余额的账户，余额就应当如实地在账户中加以反映，这样就更显得清晰、明了，否则就混淆了有余额账户和无余额账户的区别。

6. 错账更正规范

会计账簿发生错误时，应当按照规定的更正方法进行更正，更正方法有划线更正法、红字更正法、补充登记法3种。

1）划线更正法

（1）适用范围：在结账之前，如果发现账簿记录有错误，而其所依据的记账凭证没有错误，即纯属登账时文字或数字的错误，如记错金额、入错账户或登错记账方向等，可以采用划线更正法。

（2）更正方法：先在错误的文字或数字上划一条红线（注意被划销的部分应可辨认以便审查），表示错误内容已被注销，然后将正确的文字或数字写在被注销的文字上端空白处，并由记账人员在更正处签章，以明确责任。

（3）注意事项：在划线时，如果是文字错误，可以只划掉错误部分，不必将其他文字也划去；如果是数字错误，应将全部数字划掉，不得只划错误数字，并应保持划掉的字迹仍能辨认出来。例如，将670元误记为760元，采用划线更正法时，应将760全部划销，然后在其上方记录670，而不能只将其中的“76”改为“67”。

2）红字更正法

红字更正又称红字冲销。在会计核算中，红字表示对原有记录的冲销，它是指用红字冲销或冲减原有的错误记录以调整记账错误的一种方法。红字更正法主要适用于以下两种情况。

（1）记账之后，发现原记账凭证中应借或应贷的会计科目有错误，如会计科目名称错误、借贷金额错误或科目、金额同时错误等，并且已根据错误的会计凭证登记账簿，从而造成账簿记录错误的，可以采用红字更正法。更正方法是，首先用红字填制一张内容与原记账凭证（即发现有错误的那张记账凭证）完全相同的记账凭证，在“摘要”栏注明“注销××××年××月××日×号凭证”字样，以冲销原错误记录；然后再用蓝字重新填写一张正确的记账凭证，注明“订正××××年××月××日×号凭证”，并据以登记入账。这样就可以把原来的差错更正过来了。

（2）记账之后，如果发现原来记账凭证中应借和应贷科目、记账方向都没有错误，只是所记金额大于应记的正确金额，这时也可以用红字更正法。更正方法是：将多记的金额，即正确金额与错误金额之间的差额，用红字填制一张与原错误凭证的记账方向、会计科目完全相同的记账凭证，并据以用红字登记入账。

3）补充登记法

补充登记法又称补充更正法。在记账以后，如果发现原来记账凭证中应借和应贷科目、记账方向都没有错误，只是记账凭证填写的金额小于实际金额时，可以采用补充登记法进行更正。

更正时，可将少记的金额用蓝字填制一张与原记账凭证的记账方向、会计科目相同的记账凭证，在“摘要”栏注明“补充××月××日×号凭证少记金额”，并据以登记入账。

任务6.3　会计报表的编制规范

你的目标

熟练掌握资产负债表的编制：货币资金、应收账款、应付账款、存货、一年内到期的非流动资产、固定资产、无形资产、未分配利润等项目的填列。

熟练掌握利润表的编制：营业收入、营业成本、投资收益、公允价值变动损益、营业利润、利润总额、净利润等项目的填列。

1. 资产负债表的编制规范

根据规定，每个企业在期末都需要编制资产负债表。资产负债表是一种静态报表，是反映企业在某一特定日期（如月末、季末、年末）的财务状况的会计报表。

资产负债表采用账户式，其基本结构是：将资产负债表分为左方和右方，左方列示资产各项目，右方列示负债和所有者权益各项目。根据会计恒等式“资产＝负债+所有者权益”的平衡关系，左方资产各项合计数等于右方负债与所有者权益各项合计数，且左右两方恒等。此外，根据《企业财务会计报告条例》的规定，年度、半年度会计报表至少应当反映两个年度或者相关两个期间的比较数据。基于此，资产负债表各项目分别按“年初数”和“期末数”两栏填列。

1）“年初数”的填列

资产负债表中“年初数”栏内的各项数字，应根据上年年末资产负债表“期末数”栏内所列数字填列。如果本年度资产负债表规定的各个项目的名称和内容同上年度不一致，应对上年末资产负债表各个项目的名称和数字按照本年度的规定进行调整，填入本表“年初数”栏内。

2）“期末数”的填列

填列方式：根据总账账户余额直接填列；根据总账账户余额计算填列；根据明细账户余额计算填列；根据总账账户和明细账户余额分析计算填列；根据总账账户余额减去备抵项目的净额填列等。“期末余额”各项目的具体内容和填列方法如下。

（1）“货币资金”项目。反映企业库存现金、银行基本存款户存款、银行一般存款户存款、外埠存款、银行汇票存款等的合计数。本项目应根据“现金”“银行存款”“其他货币资金”账户的期末余额合计数填列。

（2）“交易性金融资产”项目。反映企业为交易目的而持有的债券投资、股票投资、基金投资等交易性金融资产的公允价值。本项目应根据“交易性金融资产”账户的期末余额填列。

（3）“应收票据”项目。反映企业收到的未到期应收款而且也未向银行贴现的商业承兑汇票和银行承兑汇票等应收票据余额，减去已计提的坏账准备后的净额。本项目应根据“应收票据”账户的期末余额减去“坏账准备”账户中有关应收票据计提的坏账准备余额后的金额填列。

（4）“应收账款”项目。反映企业因销售商品、提供劳务等而应向购买单位收取的各种款项，减去已计提的坏账准备后的净额。本项目应根据“应收账款”和“预收账款”账户所属各明细账户的期末借方余额合计，减去“坏账准备”账户中有关应收账款计提的坏账准备期末余额后的金额填列。

（5）“预付账款”项目。反映企业预收的款项，减去已计提的坏账准备后的净额。本项目根据“预付账款”和“应付账款”账户所属各明细账户的期末借方余额合计，减去“坏账准备”账户中有关预付账款计提的坏账准备期末余额后的金额填列。

（6）“应收利息”项目。反映企业因持有交易性金融资产、持有至到期投资和可供出售金融资产等应收取的利息。本项目应根据“应收利息”账户的期末余额填列。

（7）“应收股利”项目。反映企业应收取的现金股利和应收取其他单位分配的利润。本项目根据“应收股利”账户期末余额填列。

（8）“其他应收款”项目。反映企业对其他单位和个人的应收和暂付的款项，减去已计提的坏账准备后的净额。本项目应根据“其他应收款”账户的期末余额，减去“坏账准备”账户中有关其他应收款计提的坏账准备期末余额后的金额填列。

（9）“存货”项目。反映企业期末在库、在途和在加工中的各项存货的可变现净值，包括各种原材料、商品、在产品、半成品、发出商品、包装物、低值易耗品和委托代销商品等。本项目应根据“在途物资（材料采购）”“原材料”“库存商品”“周转材料”“委托加工物资”“生产成本”“劳务成本”等账户的期末余额合计，减去“存货跌价准备”账户期末余额后的金额填列。材料采用计划成本核算以及库存商品采用计划成本或售价核算的小企业，应按加（减）材料成本差异、加（减）商品进销差价后的金额填列。

（10）“1年内到期的非流动资产”项目。反映企业非流动资产项目中在1年内到期的金额，包括1年内到期的持有至到期投资、长期待摊费用和1年内可收回的长期应收款。本项目应根据上述账户分析计算后填列。

（11）“其他流动资产”项目。反映企业除以上流动资产项目外的其他流动资产，本项目应根据有关账户的期末余额填列。

（12）“可供出售金融资产”项目。反映企业持有的可供出售金融资产的公允价值。本项目根据“可供出售金融资产”账户期末余额填列。

（13）“持有至到期投资”项目。反映企业持有至到期投资的摊余价值。本项目根据“持有至到期投资”账户期末余额减去1年内到期的投资部分和“持有至到期投资减值准备”账户期末余额后填列。

（14）“长期应收款”项目。反映企业长期应收款净额。本项目根据“长期应收款”期末余额，减去1年内到期的部分、“未确认融资收益”账户期末余额、“坏账准备”账户中按长期应收款计提的坏账损失后的金额填列。

（15）“长期股权投资”项目。反映企业不准备在1年内（含1年）变现的各种股权性质投资的账面余额，减去减值准备后的净额。本项目应根据“长期股权投资”账户的期末余额减去“长期股权投资减值准备”账户期末余额后填列。

（16）“固定资产”项目。反映企业固定资产的净值。本项目根据“固定资产”账户期末余额，减去“累计折旧”和“固定资产减值准备”账户期末余额后填列。

（17）“在建工程”项目。反映企业尚未达到预定可使用状态的在建工程价值。本项目根据“在建工程”账户期末余额，减去“在建工程减值准备”账户期末余额后填列。

（18）“工程物资”项目。反映企业为在建工程准备的各种物资的价值。本项目根据“工程物资”账户期末余额，减去“工程物资减值准备”账户期末余额后填列。

（19）“固定资产清理”项目。反映企业因出售、毁损、报废等原因转入清理但尚未清理完毕的固定资产的账面价值，以及固定资产清理过程中所发生的清理费用和变价收入等各项金额的差额。本项目应根据“固定资产清理”账户的期末借方余额填列；如“固定资产清理”账户期末为贷方余额，以“—”号填列。

（20）“无形资产”项目。反映企业持有的各项无形资产的净值。本项目应根据“无形资产”账户期末余额，减去“累计摊销”账户和“无形资产减值准备”账户的期末余额填列。

（21）“开发支出”项目。反映企业开发无形资产过程中发生的、尚未形成无形资产成本的支出。本项目根据“开发支出”账户的期末余额填列。

（22）“长期待摊费用”项目。反映小企业尚未摊销的摊销期限在1年以上（不含1年）的各项费用。本项目应根据“长期待摊费用”账户的期末余额减去将于1年内（含1年）摊销的数额后的金额填列。

（23）“商誉”项目。反映企业商誉的价值。本项目根据“商誉”账户期末余额填列。

（24）“递延所得税资产”项目。反映企业应可抵扣暂时性差异形成的递延所得税资产。本项目根据“递延所得税资产”账户期末余额填列。

（25）“其他长期资产”项目。反映企业除以上资产以外的其他长期资产。本项目应根据有关账户的期末余额填列。

（26）“短期借款”项目。反映企业借入尚未归还的1年期以下（含1年）的借款。本项目应根据“短期借款”账户的期末余额填列。

（27）“交易性金融负债”项目。反映企业发行短期债券等所形成的交易性金融负债公允价值。本项目根据“交易性金融负债”账户期末余额填列。

（28）“应付票据”项目。反映企业为了抵付货款等而开出并承兑的、尚未到期付款的应付票据，包括银行承兑汇票和商业承兑汇票。本项目应根据“应付票据”账户的期末余额填列。

（29）“应付账款”项目。反映企业购买原材料、商品和接受劳务供应等而应付给供应单位的款项。本项目应根据“应付账款”账户和“预付账款”账户所属各明细账户的期末贷方余额合计填列。

（30）“预收账款”项目。反映企业按合同规定预收的款项。本项目根据“预收账款”账户和“应收账款”账户所属各明细账户的期末贷方余额合计填列。

（31）“应付职工薪酬”项目。反映企业应付未付的工资和社会保险费等职工薪酬。本项目应根据“应付职工薪酬”账户的期末贷方余额填列，如“应付职工薪酬”账户期末为借方余额，以“—”号填列。

（32）“应交税费”项目。反映企业期末未交、多交或未抵扣的各种税金。本项目应根据“应交税费”账户的期末贷方余额填列；如“应交税费”账户期末为借方余额，以“—”号填列。

（33）“应付利息”项目。反映企业应付未付的各种利息。本项目根据“应付利息”账户期末余额填列。

（34）“应付股利”项目。反映企业尚未支付的现金股利或利润。本项目应根据“应付股利”账户的期末余额填列。

（35）“其他应付款”项目。反映企业所有应付和暂收其他单位和个人的款项。本项目应根据“其他应付款”账户的期末余额填列。

（36）“1年内到期的非流动负债”项目。反映企业各种非流动负债在1年之内到期的金额，包括1年内到期的长期借款、长期应付款和应付债券。本项目应根据上述账户分析计算后填列。

（37）“其他流动负债”项目。反映企业除以上流动负债以外的其他流动负债。本项目应根据有关账户的期末余额填列。

（38）“长期借款”项目。反映企业借入尚未归还的1年期以上（不含1年）的各期借款。本项目应根据“长期借款”账户的期末余额减去1年内到期部分的金额填列。

（39）“应付债券”项目。反映企业尚未偿还的长期债券摊余价值。本项目根据“应付债券”账户期末余额减去1年内到期部分的金额填列。

（40）“长期应付款”项目。反映企业除长期借款、应付债券以外的各种长期应付款。本项目应根据“长期应付款”账户的期末余额，减去“未确认融资费用”账户期末余额和1年内到期部分的长期应付款后填列。

（41）“预计负债”项目。反映企业计提的各种预计负债。本项目根据“预计负债”账户期末余额填列。

（42）“递延所得税负债”项目。反映企业根据应纳税暂时性差异确认的递延所得税负债。本项目根据“递延所得税负债”账户期末余额填列。

（43）“其他长期负债”项目。反映企业除以上长期负债项目以外的其他长期负债。本项目应根据有关账户的期末余额填列。

（44）“股本”项目。反映企业各投资者实际投入的资本总额。本项目应根据“股本（实收资本）”账户的期末余额填列。

（45）“资本公积”项目。反映企业资本公积的期末余额。本项目应根据“资本公积”账户的期末余额填列，其中“库存股”按“库存股”账户余额填列。

（46）“盈余公积”项目。反映企业盈余公积的期末余额。本项目应根据“盈余公积”账户的期末余额填列。

（47）“未分配利润”项目。反映企业尚未分配的利润。本项目应根据“本年利润”账户和“利润分配”账户的期末余额计算填列，如为未弥补的亏损，在本项目内以“—”号填列。

2. 利润表的编制规范

利润表是企业对外报送的主要会计报表之一。利润表也称损益表或收益表，是反映企业在一定会计期间内经营成果的会计报表，其主要内容是列示企业在一定时期内所取得的收入、所发生的费用支出和所获得的利润。

我国利润表一律采用多步式结构，通过对当期的收入、收益、支出项目按性质加以归类，按利润形成的主要环节列示一些中间性利润指标，如主营业务利润、营业利润、利润总额，分步计算当期净损益。

此外，为了清楚地反映各项指标的报告期数及从年初到报告期为止的累计数，在利润表中还分设“本月数”和“本年累计数”两栏，分别填列本月和本年的累计数。

1）“本月数”的填列方法

利润表中的“本月数”栏，反映各项目的本月实际发生数。在编制年度报表时，应将“本月数”栏改为“上年数”栏，填列上年全年累计实际发生数。如果上年度利润表的项目名称和数字与本年度利润表不一致，应对上年度利润表项目的名称和数字按本年度的规定进行调整，填入报表的“上年数”栏。

2）“本年累计数”的填列方法

利润表中“本年累计数”栏，反映各项目自年初起至报告期末止的累计实际发生额，可根据上月报表的“本年累计数”加上本月报表的“本月数”填列各项目。

3）利润表中各项目的具体填列方法

（1）营业收入，应根据“主营业务收入”科目和“其他业务收入”科目的发生额分析填列。

（2）营业成本，应根据“主营业务成本”科目和“其他业务成本”科目的发生额分析填列。

（3）税金及附加，应根据“税金及附加”科目的发生额分析填列。

（4）销售费用，应根据“销售费用”科目的发生额分析填列。

（5）管理费用，应根据“管理费用”科目的发生额分析填列。

（6）财务费用，应根据“财务费用”科目的发生额分析填列。

（7）资产减值损失，应根据“资产减值损失”科目的发生额分析填列。

（8）公允价值变动损益，应根据“公允价值变动损益”科目的发生额分析填列。如为净损失，本项目以“—”号填列。

（9）投资收益，应根据“投资收益”科目的发生额分析填列，如为投资损失，本项目以“—”号填列。

（10）营业利润，反映企业实现的营业利润，如为亏损，本项目以“—”号填列。

（11）营业外收入，应根据“营业外收入”科目的发生额分析填列。

（12）营业外支出，应根据“营业外支出”科目的发生额分析填列。

（13）利润总额，反映企业实现的利润，如为亏损，本项目以“—”号填列。

（14）所得税费用，应根据“所得税费用”科目的发生额分析填列。

（15）净利润，反映企业实现的净利润，如为亏损，本项目以“—”号填列。

项目7

会计实务操作训练

你的目标

（1）会“填凭证”（首要环节）：审核原始凭证，正确填制记账凭证。

（2）会“登账簿”（中心环节）：审核记账凭证，正确登记账簿。

（3）会“编报表”（最终环节）：根据账簿正确编制会计报表。

学做合一

1. 背景资料

会计基本技能训练注册公司（虚拟）是一家从事生产办公用纸的制造企业，有职工50人。大批量生产皮纹纸、玻璃卡纸、莱尼纹纸和幻彩纸4种产品，产品生产工艺为单步骤生产。

1）企业基本情况

（1）法人代表：祁连山。

（2）注册资金：450万元。

（3）经营地址：南通市青年路##号。

（4）联系电话：0513-123456##。

（5）基本存款账户：南通市工行青年路支行。

账号：622##1234567890。

银行预留印鉴，如图7.1所示。

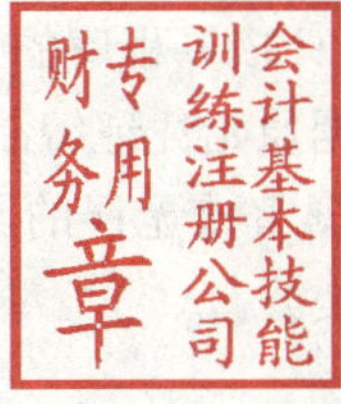

图7.1　银行预留印鉴

（6）纳税人识别号：913206018888888888X。

2）财务人员构成与岗位职责

（1）人员构成。

会计主管：李明。

会计：王超。

出纳：张伟。

（2）岗位职责。

会计主管岗位职责如下。

① 审核不涉及收付款业务的会计凭证，登记总分类账，编制会计报表。

② 制订财务计划，调度资金，计算、分析财务指标。

③ 负责会计档案保管。

④ 全面管理、协调财务部门工作。

会计岗位职责如下。

① 审核收付款业务的会计凭证，编制不涉及收付款业务的会计凭证。

② 负责工资薪酬核算、成本核算。

③ 登记债权、债务等流动资产、流动负债明细分类账，登记收入、费用等损益类明细分类账。

④ 负责纳税申报。

出纳岗位职责如下。

① 办理日常报销业务，负责货币资金的收支、保管。

② 编制收付款业务的会计凭证。

③ 登记库存现金日记账和银行存款日记账。

④ 登记在途物资、原材料、库存商品、固定资产等实物资产明细分类账，登记其他长期资产和所有者权益明细分类账。

3）经营情况简介

会计基本技能训练注册公司（虚拟）是生产办公用纸的制造企业，属于增值税一般纳税人，增值税税率为16%；城市维护建设税的税率为7%，教育费附加为3%；企业所得税税率为25%。

其产品包括皮纹纸、玻璃卡纸、莱尼纹纸、幻彩纸、文件封面、胸卡等，以纸类为主。产品分别以聚氯乙烯树脂、聚丙烯、聚苯乙烯和热收缩膜为主要材料。产品生产只需经过单一的加工步骤即完成所有的加工过程，并不间断地循环生产。

该企业将原材料存放于材料仓库，供产品生产或其他需要领用；将完工产品存放于成品仓库，主要用于对外销售。材料仓库和成品仓库的货物分别由各自的仓库管理员负责收、发、存的管理。

4）会计核算形式

会计基本技能训练注册公司（虚拟）采用记账凭证账务处理程序进行会计核算。其主要特点是：直接根据记账凭证登记总账。该企业的会计核算程序如图7.2所示。

对上述会计核算程序的工作步骤说明如下。

（1）根据原始凭证编制汇总原始凭证。

（2）根据审核无误的原始凭证或者汇总原始凭证，编制记账凭证（包括收款、付款和转账凭证3类）。

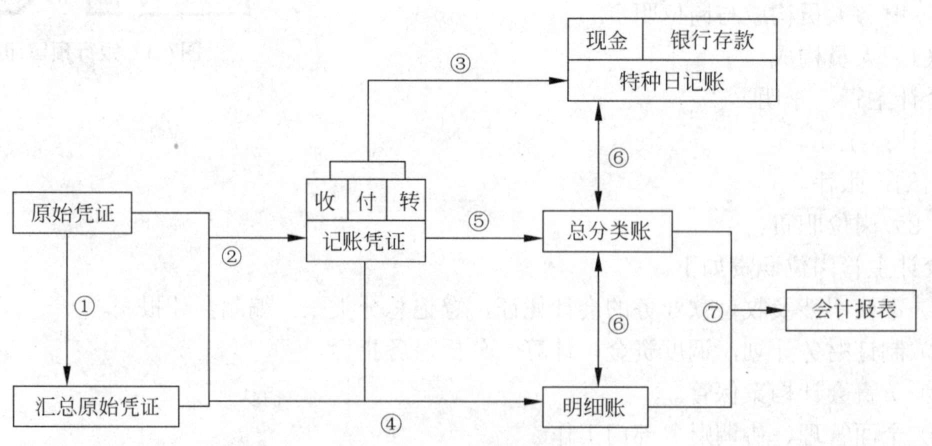

图7.2　会计核算程序图

（3）根据收、付款凭证逐日逐笔登记特种日记账（包括现金、银行存款日记账）。

（4）根据原始凭证、汇总原始凭证和记账凭证编制有关的明细分类账。

（5）根据记账凭证逐笔登记总分类账。

（6）月末，将特种日记账的余额以及各种明细账的余额合计数，分别与总账中有关账户的余额核对相符。

（7）月末，根据经核对无误的总账和有关明细账的记录，编制会计报表。

2. 期初数据

（1）总账账户期初余额（见表7.1）。

表 7.1 单位：元

总账账户	期初余额	总账账户	期初余额
库存现金	5 000.00	短期借款	400 000.00
银行存款	3 357 289.00	应付账款	1 302 000.00
其他货币资金	300 000.00	应付利息	4 000.00
应收票据	400 000.00	应交税费	70 400.00
应收账款	2 433 000.00	其他应付款	190 000.00
预付账款	357 300.00	实收资本	4 500 000.00
其他应收款	3 000.00	资本公积	163 000.00
在途物资	120 000.00	盈余公积	822 530.00
原材料	950 000.00	本年利润	0.00
周转材料	17 300.00	未分配利润	2 030 359.00
库存商品	800 000.00		
固定资产	1 589 400.00		
累计折旧	850 000.00		

（2）相关明细账账户期初余额（见表7.2）。

表 7.2　　单位：元

总账账户	明细账户	期初余额（借方）	总账账户	明细账户	期初余额（贷方）
其他货币资金	存出投资款	300 000.00	库存商品	皮纹纸	200 000.00
应收票据	宝钢公司	400 000.00		玻璃卡纸	200 000.00
应收账款	百兴公司	234 000.00		莱尼纹纸	200 000.00
	巨晖公司	351 000.00		幻彩纸	200 000.00
	佰特公司	500 000.00	短期借款	流动资金借款	400 000.00
	思泉公司	180 000.00	应付账款	鸿升公司	351 000.00
	红豪特公司	700 000.00		尚宏公司	351 000.00
	中艺公司	468 000.00		众义达公司	400 000.00
预付账款	港华公司	300 000.00		昆腾公司	200 000.00
	南通××物业服务公司	40 000.00	其他应付款	养老	98 820.00
	南通××邮政局	300.00		医疗	13 780.00
	××财产保险南通分公司	3 000.00		失业	7 400.00
	A财产保险公司	14 000.00		公积金	70 000.00
其他应收款	王会	3 000.00	应交税费	未交增值税	34 000.00
在途物资	聚丙烯	120 000.00		应交所得税	25 000.00
原材料	聚氯乙烯树脂	200 000.00		应交城建税	2 380.00
	聚丙烯	300 000.00		教育费附加	1 020.00
	聚苯乙烯	200 000.00		应交个人所得税	8 000.00
	热收缩膜	250 000.00	实收资本	祁连山	2 500 000.00
周转材料	生产工具	9 300.00		祁文珍	1 000 000.00
	工作服	2 800.00		赵华	1 000 000.00
	办公用品	5 200.00	盈余公积	法定盈余公积	822 530.00

（3）固定资产明细账期初余额（见表7.3）。

表 7.3　　单位：元

使用部门	类　别	期 初 原 值
生产车间	房屋建筑	600 000.00
	机械设备	200 000.00
	小　计	800 000.00
管理部门	房屋建筑	500 000.00
	运输设备	189 400.00
	办公设备	100 000.00
	小　计	789 400.00
合　计		1 589 400.00

3. 20#3年12月发生的经济业务

（1）1日，销售部王会出差回来，报销差旅费3 300元，补付现金300元，报销单1张（原始凭证略）。

（2）1日，从工商银行取得一笔期限为6个月、年利率为8.4%的借款300 000元，已划入公司银行账户中。原始凭证共1张。

（3）1日，签现金支票向工商银行提取6 000元备用。原始凭证共1张。

（4）2日，向弘阳公司购买聚氯乙烯树脂500kg，收到的增值税专用发票上注明单价200元，合计金额100 000元，增值税16 000.0元。款项未付，材料已验收入库。原始凭证共3张。

（5）2日，购买办公用品1 000元。原始凭证共1张。

（6）2日，收回百兴公司的上月所欠货款234 000元，已经收取入账。原始凭证共1张。

（7）5日，收到上月向华兴公司购买的聚丙烯400kg验收合格入库。原始凭证共1张。

（8）5日，招标由南通第九建筑公司建仓库，工程预算总造价300 000元，今天开工预付合同规定款的50%，预计18天后完工。原始凭证共2张。

（9）5日，向帝奥公司交付300箱皮纹纸，单价1 000元，价款共计300 000元，应收取的增值税销项税额为48 000.00元。款项尚未收到，增值税发票已经开具。原始凭证共2张。

（10）5日，向南通嘉华租赁有限公司租入机器设备一台，租期3个月，每月租金15 000元，开出转账支票预付全部租金45 000元。原始凭证共3张。

（11）6日，销售给速达公司500箱玻璃卡纸，单价1 000元，价款合计500 000元，应收取增值税销项税额为80 000元，价税合计580 000元，款项尚未收到。原始凭证共2张。

（12）6日，收到职工李四违反公司规定的罚款260元。原始凭证共1张。

（13）6日，向南通楚华汽车修理厂支付车间机器的零配件物料消耗10 000元。原始凭证共3张。

（14）6日，办公室王五出差预支差旅费4 000元，出纳以现金付讫。原始凭证共1张。

（15）7日，提取备用金4 000元。原始凭证共1张。

（16）7日，支付南通××电视台本月广告费80 000元。原始凭证共3张。

（17）8日，陈娟（办公室）报销招待客户费用3 000元，以现金方式支付。费用报销凭证1张（其他发票略）。

（18）8日，预付奥菲斯公司购买聚丙烯款90 000元。原始凭证共1张。

（19）8日，向同心公司交付700箱莱尼纹纸，每箱售价1 000元，价款共计700 000元，应收取增值税销项税额为112 000元，款项已经收到。原始凭证共3张。

（20）14日，收到税收缴款书，缴纳上月增值税34 000元、企业所得税25 000元。原始凭证共2张。

（21）14日，收到税收缴款书，缴纳上月城建税2 380元、教育费附加1 020元，个人所得税8 000元。原始凭证共2张。

（22）14日，收到税收缴款书，缴纳印花税400元。原始凭证共1张。

（23）14日，接到银行委托收款付款通知，向电信公司支付电话费1 400元。其中，管理部门电话费300元，销售部电话费800元，生产车间电话费300元。原始凭证共3张。

（24）14日，购A股票，实付金额为150 000元。原始凭证共1张。

（25）14日，办公室王五从南京出差回来，报销差旅费3 500元，退回现金500元。原始凭证共1张。

（26）14日，收回巨晖公司前欠货款351 000元。原始凭证共1张。

（27）14日，向江苏超楚有限责任公司采购聚苯乙烯1 000kg，专用发票上注明货款为300 000元，增值税为48 000元，款项尚未付清，材料已验收入库。原始凭证共3张。

（28）14日，购买账簿等，共计200元。原始凭证共1张。

（29）15日，缴纳社会保险费120 000元。原始凭证共1张。

（30）15日，缴纳住房公积金70 000元。原贻凭证共1张。

（31）16日，从江苏九州设备生产公司购入一台机床，专用发票上注明价款为500 000元，增值税为80 000元。已运抵企业，尚未安装，款项已经支付。原始凭证共3张。

（32）16日，申请办理银行汇票200 000元到四海公司购买材料，支付手续费200元。原始凭证共2张。

（33）16日，按照股东协议，股东赵华追加投资550 000元，款项已存入公司银行账户。该笔投资目前的股权价值为500 000元。原始凭证共1张。

（34）16日，偿还鸿升公司前欠货款351 000元。原始凭证共1张。

（35）16日，持有宝钢公司的无息应收票据到期，委托银行收款，已收到银行的收款通知。原始凭证共1张。

（36）16日，收到佰特公司前期所欠货款500 000元。原始凭证共1张。

（37）16日，开出电汇凭证支付江苏尚宏有限公司的货款。原共欠货款348 000元（含增值税48 000元），江苏尚宏有限公司在一定时期内付款，给予货款2%的现金折扣6 000元（冲减财务费用），实付金额为342 000元。原始凭证共1张。

（38）16日，开转账支票支付本月16日向江苏九州设备生产公司购买的机床运费3 300元。原始凭证共3张。

（39）19日，归还到期的短期借款400 000元，划付利息6 000元（前两个月已预提利息4 000元）。原始凭证共1张。

（40）19日，从四海公司购买热收缩膜一批，收到的增值税专用发票上注明单价220元，数量600件，合计金额132 000元，增值税21 120元。材料未到，以银行汇票支付货款，多余款项尚未退回。原始凭证共2张。

（41）19日，收到本月5日帝奥公司所欠货款，按规定20天内支付给予货款1%的现金折扣（现金折扣金额为3 480元），实收金额为344 520元。原始凭证共1张。

（42）19日，将一台闲置机器设备出售（该设备系2009年1月1日前购入，应按规定缴纳增值税140元[7280/（1+4%）×4%/2]给江苏顺天办公用品公司，原价180 000元，已提折旧150 000元，售价7 280元，款项已经收到。原始凭证共2张。

（43）20日，通过南通××红十字会向希望小学捐款40 000元。原始凭证共2张。

（44）20日，银行支付展览费7 000元，市场拓展部参展人员陈小二报销参展花销800元，以现金支付。原始凭证共4张（800元的发票略）。

（45）20日，江苏速达有限公司收到本公司6日所销售的商品后，发现某些商品质量不合格，经过协商，本公司同意在价格上给予5%的折让，并办妥了相关手续。原始凭证1张。

（46）21日，向宝蓝公司交付400箱皮纹纸，每箱售价1 000元，价款共计400 000元，应收取增值税销项税额为64 000元；200箱幻彩纸，每箱售价2 000元，价款共计400 000元，应收取增值税销项税额为64 000元，货款均未收到。原始凭证共2张。

（47）21日，与江苏腾飞有限公司签订产品销货合同，江苏腾飞有限公司预付款项300 000元已存入公司账户。原始凭证共1张。

（48）22日，收到思泉公司开出的无息商业承兑汇票，金额为180 000元，期限6个月，以抵前期所欠货款。原始凭证共1张。

（49）22日，向港华公司购买一批聚氯乙烯树脂，收到的增值税发票上注明单价200元，数量1 500件，合计金额300 000元，增值税48 000元。经查，上个月已预付款项300 000元。材料已验收入库，剩余款项未付（上月已预付300 000元）。原始凭证共3张。

（50）22日，用转账支票支付本月16日向江苏九州设备生产公司购买的机床安装费2 000元，该设备安装完毕并交付生产车间使用。原始凭证共2张。

（51）22日，16日申办的银行汇票结算余款转入公司账户。原始凭证共1张。

（52）23日，开出转账支票，支付通州××运输公司本月销售产品运费5 115元。原始凭证共3张。

（53）23日，本月5日招标由南通第九建筑公司总造价300 000元的仓库工程完工，经验收合格并交付使用，余款以转账支票付清。原始凭证共4张。

（54）23日，支付前期所欠众义达公司材料款400 000元。原始凭证共1张。

（55）23日，签发现金支票提取5 000元备用。原始凭证共1张。

（56）23日，收到红豪特公司的货款700 000元。原始凭证共1张。

（57）23日，支付20#4年的报刊费3 600元。原始凭证共2张。

（58）23日，收到中艺公司前期所欠货款468 000元。原始凭证共1张。

（59）26日，19日向江苏四海有限责任公司购买的热收缩膜运抵企业并验收入库。原始凭证共1张。

（60）26日，开出转账支票支付下一季度厂房租金120 000元。原始凭证共3张。

（61）27日，向通农公司交付500箱皮纹纸，每箱售价1 000元，价款共计500 000元，应收取的增值税销项税额为80 000元，款项尚未收到。原始凭证共2张。

（62）27日，向江苏腾飞有限公司交付500箱莱尼纹纸，每箱售价1 000元，价款共计500 000元，应收取增值税销项税额80 000元。22日已预收货款300 000元，剩余货款尚未收到。原始凭证共2张。

（63）27日，卖出当月购入的A股票，实收金额200 000元。原始凭证1张（略）。

（64）27日，支付前欠昆腾公司的款项200 000元。原始凭证共1张。

（65）28日，支付××财产保险南通分公司下年度机动车辆保险费36 000元。原始凭证共2张。

（66）28日，向南通通农有限责任公司交付200箱幻彩纸，每箱售价2 000元，价款共计400 000元，应收取增值税销项税额为64 000元，款项已经收到。原始凭证共3张。

（67）29日，向南京××研究所购买一项专有技术，价格88 000元开出转账支票支付。原始凭证共2张。

（68）29日，因质量有问题，退回本月14日向江苏超楚有限责任公司购买聚苯乙烯共计1 000kg。因增值税发票尚未认证，超楚公司予以作废，并重新开具一张数量为900kg的增值税发票，原发票已退回。原始凭证3张。

（69）30日，支付会计人员继续教育培训费900元。原始凭证共2张。

（70）30日，接到银行委托收款付款通知，支付水费9 900元。企业共耗水3 600吨，单价2.5元。其中，管理部门耗水300吨，生产车间耗水3 300吨，增值税税率为10%。原始凭证共4张。

（71）30日，接到银行委托收款付款通知，支付电费35 960元。企业共耗电31 000度，单价1元。其中，生产车间耗电28 000度，管理部门耗电3 000度。原始凭证共4张。

（72）30日，进行盘点盘亏1 300元的生产工具，经确认系保管员王小三保管不善，由其赔偿300元，从下个月工资中扣回。原始凭证共1张。

（73）30日，公司盘点库存材料，发现盘盈热收缩膜1件，价值220元。原始凭证共1张。

（74）30日，办公室陈娟报销差旅费3 000元，出纳以现金付讫。报销单1张（差旅费发票略）。

（75）30日，办公室王娟报销差旅费700元，出纳以现金付讫。报销单1张（差旅费发票略）。

（76）30日，开出现金支票提取备用金5 000元。原始凭证共1张。

（77）30日，销售部报销差旅费5 000元，出纳以现金付讫。报销单1张（差旅费发票略）。

（78）30日，生产车间报销1 300元，出纳以现金付讫。报销单1张（差旅费发票略）。

（79）30日，开出现金支票，金额7 000元，购买一批食用油，用作职工福利。原始凭证共2张。

（80）30日，给职工李四发放困难补助1 800元。原始凭证共1张。

（81）31日，摊销以前已经支付应由本月负担的费用，管理费用为17 300元，制造费用为55 000元。原始凭证共1张。

（82）31日，计提本月的短期借款利息2 100元。原始凭证共1张。

（83）31日，计提固定资产折旧。当月车间应计提固定资产折旧17 000元，管理部门应计提固定资产折旧5 400元。原始凭证1张。

（84）31日，分配材料费用。原始凭证共1张。

（85）31日，分配周转材料。原始凭证共1张。

（86）31日，分配本月工资，详见计算表。原始凭证共1张。

（87）31日，分配本月其他工资项目，详见计算表。原始凭证共1张。

（88）31日，委托银行代发工资425 509元，银行收取150元手续费。原始凭证共2张。

（89）31日，结转制造费用，详见分配表。原始凭证共1张。

（90）31日，结转分配完工产品费用，详见计算表。原始凭证共1张。

（91）31日，结转本月销售成本，详见计算表。原始凭证共1张。

（92）31日，计算并结转本月应交增值税（333 807.76元）、应交城市建设维护税（23 366.54元）、应交教育费附加（10 014.24元）。城市维护建设税税率为7%，教育费附加为3%。原始凭证共1张（略）。

（93）31日，计算并结转本期损益。没有原始凭证。

（94）31日，计算并结转本月应交所得税（税率为25%）。没有原始凭证。

（95）31日，将“本年利润”账户的余额转入“利润分配——未分配利润”账户。没有原始凭证。

（96）31日，董事会决议按全年税后利润的10%提取盈余公积金，并向投资者分配现金利润500 000元。原始凭证1张。

4. 20#3年12月取得或填制的原始凭证

经济业务（1），见表7.4。

表 7.4

费用报销凭证

20#3年12月01日

报销部门	销售部 王会
报支原因	差旅费（原借款3 000元）
付款方式	现金
费用金额	大写：人民币叁仟叁佰元整　　小写：¥3 300.00
附　　件	#张

批准人：祁连　出纳：张伟　经办人：王会　收款人：王会

经济业务（2），见表7.5。

表 7.5

中国工商银行 借款凭证（代回单）

20#3年12月01日　　编号：###1

<table>
<tr><td colspan="2">借款单位名称</td><td colspan="2">会计基本技能训练注册公司</td><td>借款单位账号</td><td colspan="9">622##1234567890</td></tr>
<tr><td colspan="2" rowspan="2">借款金额</td><td colspan="3" rowspan="2">人民币（大写）叁拾万元整</td><td>百</td><td>十</td><td>万</td><td>千</td><td>百</td><td>十</td><td>元</td><td>角</td><td>分</td></tr>
<tr><td>¥</td><td>3</td><td>0</td><td>0</td><td>0</td><td>0</td><td>0</td><td>0</td><td>0</td></tr>
<tr><td rowspan="2">种类</td><td rowspan="2">流动资金借款</td><td>单位提出期限</td><td colspan="3">截至20#4年05月31日</td><td rowspan="2">利率</td><td colspan="7" rowspan="2">8.4%</td></tr>
<tr><td>银行核定期限</td><td colspan="3">截至20#4年05月31日</td></tr>
<tr><td colspan="14">上列借款已收入你单位往来户内
此致
单位（银行盖章）</td></tr>
</table>

经济业务（3），见表7.6。

表 7.6

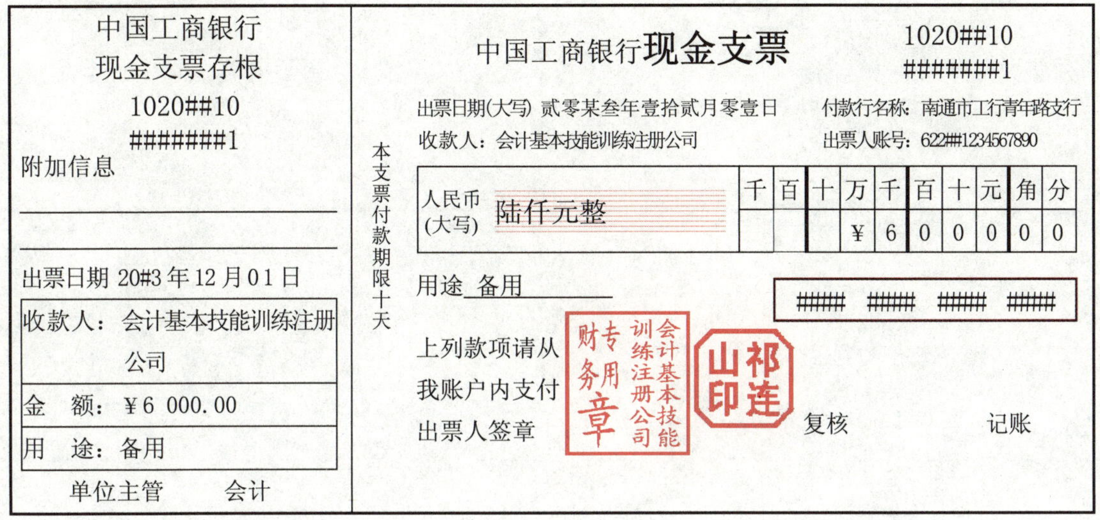

中国工商银行 现金支票存根 1020##10 ########1	中国工商银行**现金支票** 1020##10 ########1
附加信息	出票日期(大写) 贰零某叁年壹拾贰月零壹日　付款行名称：南通市工行青年路支行
出票日期 20#3 年 12 月 01 日	收款人：会计基本技能训练注册公司　出票人账号：622##123456789O
收款人：会计基本技能训练注册公司	本支票付款期限十天
金　额：¥6 000.00	人民币(大写) 陆仟元整　千 百 十 万 千 百 十 元 角 分：¥ 6 0 0 0 0 0
用　途：备用	用途 备用　#### #### #### ####
单位主管　会计	上列款项请从我账户内支付　出票人签章（会计基本技能训练注册公司财务专用章）（祁连山印）　复核　记账

经济业务（4），见表7.7～表7.9。

表 7.7

3200###130　　**江苏增值税专用发票**　　No ######01

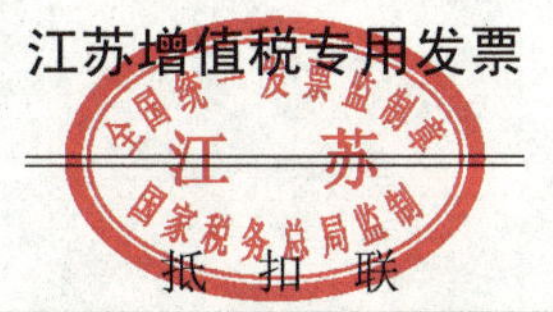

抵　扣　联　　开票日期：20#3年12月02日

购买方	名　　称：会计基本技能训练注册公司 纳税人识别号：91320601888888888X 地 址、电 话：南通市青年路##号0513-123456## 开户行及账号：南通市工行青年路支行622##1234567890				密码区	/56+75>+79*86967/987< 加密版本：01 786><7078976<+*8->876 75786544775 <++*9897*5<76+?98575- 089557783	
货物或应税劳务、服务名称	规格型号	单位	数量	单价	金　额	税率	税　额
聚氯乙烯树脂		kg	500	200	100 000.00	16%	16 000.00
合　计					¥100 000.00		¥16 000.00
价税合计（大写）	⊗壹拾壹万陆仟元整				（小写）¥116 000.00		
销售方	名　　称：江苏弘阳有限责任公司 纳税人识别号：91320881234567801X 地 址、电 话：×××× 开户行及账号：××××				备注	（江苏弘阳有限责任公司 91320881234567801X 发票专用章）	

收款人：　　复核：　　开票人：张三　　销售方：（章）

第二联：抵扣联　购买方扣税凭证

表 7.8

3200###130

江苏增值税专用发票

No ######01

发　票　联

开票日期：20#3年12月02日

购买方	名　　　称：会计基本技能训练注册公司 纳税人识别号：91320601888888888X 地 址、电 话：南通市青年路##号0513-123456## 开户行及账号：南通市工行青年路支行622##1234567890	密码区	/56+75>+79*86967/987< 786><7078976<+*8->876 <++*9897*5<76+?98575-	加密版本：01 75786544775 089557783

货物或应税劳务、服务名称	规格型号	单位	数量	单价	金　额	税率	税　额
聚氯乙烯树脂		kg	500	200	100 000.00	16%	16 000.00
合　计					¥100 000.00		¥16 000.00
价税合计（大写）	⊗壹拾壹万陆仟元整				（小写）¥116 000.00		

销售方	名　　　称：江苏弘阳有限责任公司 纳税人识别号：91320881234567801X 地 址、电 话：×××× 开户行及账号：××××	备注	江苏弘阳有限责任公司 91320881234567801X 发票专用章

收款人：　　　复核：　　　开票人：张三　　　销售方：（章）

第三联：发票联　购买方记账凭证

表 7.9

入　库　单

仓库：材料库　　　20#3年12月02日　　　供货单位：江苏弘阳有限责任公司

名　称	单位	数量	单价	金　额
聚氯乙烯树脂	kg	¥500	¥200	¥100 000.00

负责人：李毅　　　经手人：张一

经济业务（5），见表7.10。

表 7.10

3200###320 **江苏增值税普通发票** No ######02

发 票 联

开票日期：20#3年12月02日

购买方	名 称：会计基本技能训练注册公司 纳税人识别号：91320601888888888X 地 址、电 话：南通市青年路##号0513-123456##6 开户行及账号：南通市工行青年路支行622##1234567890				密码区	/56+75>+79*86967/987< 786><7078976<+*8->876 <++*9897*5<76+?98575-	加密版本：01 75786544775 089557783
货物或应税劳务、服务名称	规格型号	单位	数量	单 价	金 额	税率	税 额
办公用品			3	323.623	970.87	3%	29.13
合 计					¥970.87		¥29.13
价税合计（大写）	⊗壹仟元整				（小写）¥1 000.00		
销售方	名 称：南通文华办公用品有限公司 纳税人识别号：91320881234567802X 地 址、电 话：×××× 开户行及账号：××××				备注	现金支付	

收款人： 复核： 开票人：张三 销售方：（章）

第二联：发票联 购买方记账凭证

经济业务（6），见表7.11。

表 7.11

中国工商银行 进账单（回单）

20#3年12月02日

收款人	全 称	会计基本技能训练注册公司	付款人	全 称	江苏百兴有限责任公司
	账 号	622##1234567890		账 号	622############
	开户银行	南通市工行青年路支行		开户银行	工行××支行

金额	人民币（大写）	人民币贰拾叁万肆仟元整	亿	千	百	十	万	千	百	十	元	角	分
					¥	2	3	4	0	0	0	0	0

票据种类		票据张数	
票据张数			

复核 记账

南通市工行青年路支行 20#3.12.02 业务章 (03)

开户银行盖章

此联是开户银行交给持（出）票人的回单

经济业务（7），见表7.12。

表　7.12

入　库　单

仓库：材料库　　　　20#3年12月05日　　　　供货单位：华兴公司

名　称	单位	数量	单价	金　额
聚丙烯	kg	400	￥300	￥120 000.00

负责人：李毅　　　　经手人：张一

经济业务（8），见表7.13和表7.14。

表　7.13

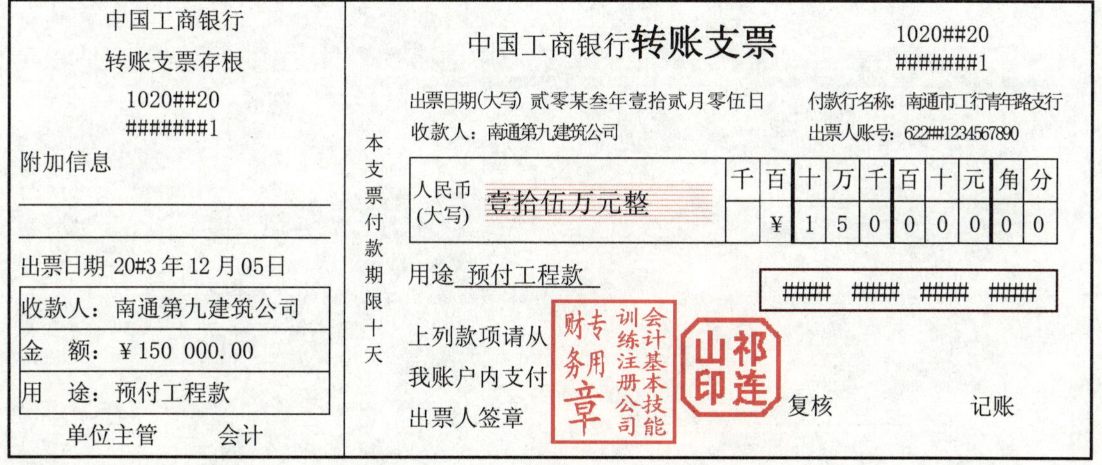

中国工商银行
转账支票存根
1020##20
########1
附加信息
出票日期 20#3 年 12 月 05日
收款人：南通第九建筑公司
金　额：￥150 000.00
用　途：预付工程款
单位主管　　会计

中国工商银行**转账支票**　　1020##20 ########1

出票日期(大写) 贰零某叁年壹拾贰月零伍日　　付款行名称：南通市工行青年路支行
收款人：南通第九建筑公司　　出票人账号：622##1234567890

本支票付款期限十天

人民币(大写)	壹拾伍万元整	千	百	十	万	千	百	十	元	角	分
			￥	1	5	0	0	0	0	0	0

用途 预付工程款　　#### #### #### ####

上列款项请从
我账户内支付
出票人签章　会计基本技能训练注册公司财务专用章　祁连山印　复核　　记账

表　7.14

收　　据

付款方：会计基本技能训练注册公司　　　　20#3年12月05日

项　　目	金　额
预收会计基本技能训练注册公司50%工程款	￥150 000.00
合计(大写)人民币壹拾伍万元整	￥150 000.00

南通第九建筑公司 91320881234567803X 发票专用章

款项结算方式：转账　　开票：　　收款：　　收款单位（盖章）：

经济业务（9），见表7.15和表7.16。

表 7.15

3200###130　　江苏增值税专用发票　　№ ######03

此联不作报销、抵扣凭证使用　　开票日期：20#3年12月05日

<table>
<tr><td rowspan="4">购买方</td><td colspan="5">名　　称：江苏帝奥有限公司
纳税人识别号：91320601888888801X
地 址、电 话：××××
开户行及账号：××××</td><td>密码区</td><td colspan="3">/56+75>+79*86967/987<　加密版本：01
786><7078976<+*8->876　75786544775
<++*9897*5<76+?98575-　089557783</td></tr>
</table>

货物或应税劳务、服务名称	规格型号	单位	数量	单价	金额	税率	税额
皮纹纸		箱	300	1 000	300 000.00	16%	48 000.00
合　计					¥300 000.00		¥48 000.00
价税合计（大写）	⊗叁拾肆万捌仟元整				（小写）¥348 000.00		

<table>
<tr><td>销售方</td><td>名　　称：会计基本技能训练注册公司
纳税人识别号：91320601888888888X
地 址、电 话：南通市青年路##号0513-123456##6
开户行及账号：南通市工行青年路支行622##1234567890</td><td>备注</td><td>会计基本技能训练注册公司
91320601888888888X
发票专用章</td></tr>
</table>

收款人：　　复核：　　开票人：张伟　　销售方：（章）

第一联：记账联　销售方记账凭证

表 7.16

出 库 单

仓库：产品库　　20#3年12月05日　　提货单位：江苏帝奥有限公司

名　称	单位	数量	单　价	金　额
皮纹纸	箱	300		

负责人：郭　三　　　经手人：张　涛

经济业务（10），见表7.17～表7.19。

表　7.17

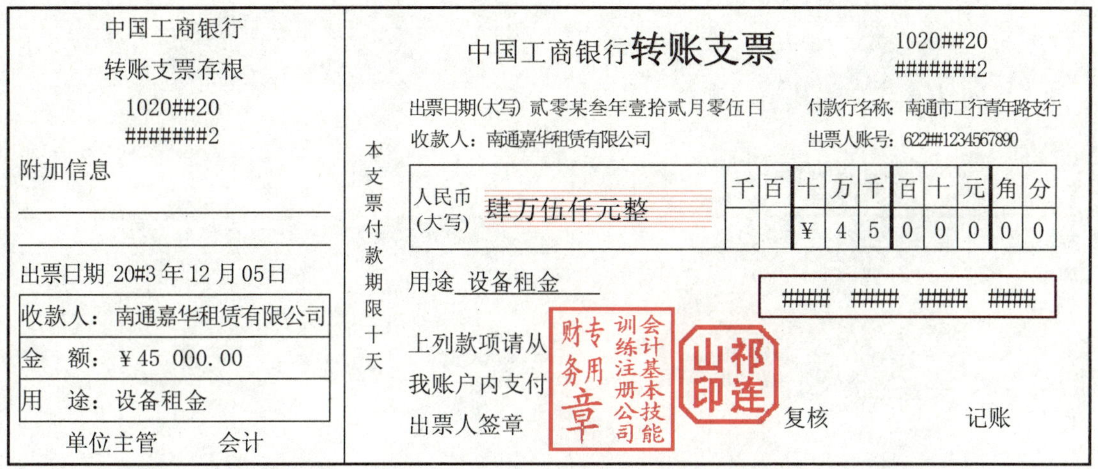

中国工商银行
转账支票存根
1020##20
#######2
附加信息

出票日期 20#3 年 12 月 05日

收款人：南通嘉华租赁有限公司
金　额：￥45 000.00
用　途：设备租金

单位主管　　会计

中国工商银行**转账支票**　　1020##20
#######2

出票日期(大写) 贰零某叁年壹拾贰月零伍日　　付款行名称：南通市工行青年路支行
收款人：南通嘉华租赁有限公司　　出票人账号：622##1234567890

本支票付款期限十天

人民币(大写)	千	百	十	万	千	百	十	元	角	分
肆万伍仟元整			￥	4	5	0	0	0	0	0

用途　设备租金　　　　#### #### #### ####

上列款项请从
我账户内支付
出票人签章

复核　　记账

表　7.18

3200###130　　**江苏增值税专用发票**　　№ ######04

抵　扣　联　　开票日期：20#3年12月05日

购买方	名　　称：会计基本技能训练注册公司 纳税人识别号：91320601888888888X 地 址、电 话：南通市青年路##号0513-123456## 开户行及账号：南通市工行青年路支行622##1234567890	密码区	/56+75>+79*86967/987< 加密版本：01 786><7078976<+*8->876 75786544775 <++*9897*5<76+?98575- 089557783

货物或应税劳务、服务名称	规格型号	单位	数量	单　价	金　额	税率	税　额
设备租赁费			1	38 793.1	38 793.1	16%	6 206.9
合　计					¥38 793.1		¥6 206.9
价税合计（大写）	⊗肆万伍仟元整				（小写）¥45 000.00		

销售方	名　　称：南通嘉华租赁有限公司 纳税人识别号：91320881234567805X 地 址、电 话：×××× 开户行及账号：××××	备注	南通嘉华租赁有限公司 91320881234567805X 发票专用章

收款人：　　　复核：　　　开票人：李二　　　销售方：（章）

第二联：抵扣联　购买方扣税凭证

表 7.19

3200###130　　　　**江苏增值税专用发票**　　　　No ######04

发　票　联　　　　开票日期：20#3年12月05日

购买方	名　　称：会计基本技能训练注册公司 纳税人识别号：913206018888888888X 地 址、电 话：南通市青年路##号0513-123456## 开户行及账号：南通市工行青年路支行622##1234567890	密码区	/56+75>+79*86967/987<　加密版本：01 786><7078976<+*8->876　75786544775 <++*9897*5<76+?98575-　089557783

货物或应税劳务、服务名称	规格型号	单位	数量	单　价	金　额	税率	税　额
设备租赁费			1	38 793.1	38 793.1	16%	6 206.9
合　计					¥38 793.1		¥6 206.9
价税合计（大写）	⊗肆万伍仟元整				（小写）¥45 000.00		

销售方	名　　称：南通嘉华租赁有限公司 纳税人识别号：913208812345678 05X 地 址、电 话：×××× 开户行及账号：××××	备注	南通嘉华租赁有限公司 913208812345678 05X 发票专用章

收款人：　　　　复核：　　　　开票人：李二　　　　销售方：（章）

第三联：发票联　购买方记账凭证

经济业务（11），见表7.20和表7.21。

表 7.20

3200###130　　　　**江苏增值税专用发票**　　　　No ######05

全国统一发票监制章　江　苏　国家税务总局监制

此联不作报销、抵扣凭证使用　　　　开票日期：20#3年12月06日

购买方	名　　称：江苏速达有限公司 纳税人识别号：913206018888888802X 地 址、电 话：×××× 开户行及账号：××××	密码区	/56+75>+79*86967/987<　加密版本：01 786><7078976<+*8->876　75786544775 <++*9897*5<76+?98575-　089557783

货物或应税劳务、服务名称	规格型号	单位	数量	单价	金　额	税率	税　额
玻璃卡纸		箱	500	1 000	500 000.00	16%	80 000.00
合　计					¥500 000.00		¥80 000.00
价税合计（大写）	⊗伍拾捌万元整				（小写）¥580 000.00		

销售方	名　　称：会计基本技能训练注册公司 纳税人识别号：913206018888888888X 地 址、电 话：南通市青年路##号0513-123456##6 开户行及账号：南通市工行青年路支行622##1234567890	备注	会计基本技能训练注册公司 913206018888888888X 发票专用章

收款人：　　　　复核：　　　　开票人：张伟　　　　销售方：（章）

第一联：记账联　销售方记账凭证

表 7.21

出　库　单

仓库：产品库　　　　20#3年12月06日　　　　提货单位：江苏速达有限公司

名　称	单位	数量	单　价	金　额
玻璃卡纸	箱	500		

负责人：郭　三　　　　经手人：张　涛

经济业务（12），见表7.22。

表　7.22

收　据

付款方：李四　　20#3年12月06日

项　目	金　额
李四违反公司规定罚款	¥260.00
合计(大写)人民币贰佰陆拾元整	¥260.00

款项结算方式：现金　　开票人：　　收款人：张伟　　收款单位（盖章）：

现金收讫

财务专用章　会计基本技能训练注册公司

经济业务（13），见表7.23～表7.25。

表　7.23

中国工商银行 转账支票存根 1020##20 #######3 附加信息 出票日期 20#3 年 12 月 06 日 收款人：南通楚华汽车修理厂 金　额：¥10 000.00 用　途：购机器的零配件物料 单位主管　　会计	本支票付款期限十天	中国工商银行**转账支票**　1020##20 #######3 出票日期(大写) 贰零某叁年壹拾贰月零陆日　付款行名称：南通市工行青年路支行 收款人：南通楚华汽车修理厂　出票人账号：622##1234567890 人民币(大写) 壹万元整　千 百 十 万 千 百 十 元 角 分：¥ 1 0 0 0 0 0 0 用途 设备维修费　#### #### #### #### 上列款项请从我账户内支付 出票人签章　财务专用章　会计基本技能训练注册公司　祁连山印　复核　记账

表　7.24

3200###130　　江苏增值税专用发票　　№ ######06

抵　扣　联　　开票日期：20#3年12月06日

购买方	名　称：会计基本技能训练注册公司 纳税人识别号：913206018888888888X 地 址、电 话：南通市青年路##号0513-123456## 开户行及账号：南通市工行青年路支行622##1234567890			密码区	/56+75>+79*86967/987<　加密版本：01 786><7078976<+*8->876　75786544775 <++*9897*5<76+?98575-　089557783		
货物或应税劳务、服务名称	规格型号	单位	数量	单　价	金　额	税率	税　额
设备维修费			1	8 620.69	8 620.69	16%	1 379.31
合　计					¥8 620.69		¥1 379.31
价税合计（大写）	⊗壹万元整				（小写）¥10 000.00		
销售方	名　称：南通楚华汽车修理厂 纳税人识别号：91320881234567807X 地 址、电 话：×××× 开户行及账号：××××			备注	南通楚华汽车修理厂 91320881234567807X 发票专用章		

收款人：　　复核：　　开票人：丁二　　销售方：（章）

第二联：抵扣联　购买方扣税凭证

表 7.25

3200###130　　江苏增值税专用发票　　№ ######06

发 票 联　　开票日期：20#3年12月06日

<table>
<tr><td>购买方</td><td colspan="6">名　　称：会计基本技能训练注册公司
纳税人识别号：91320601888888888X
地 址、电 话：南通市青年路##号0513-123456##
开户行及账号：南通市工行青年路支行622##1234567890</td><td>密码区</td><td colspan="3">/56+75>+79*86967/987<　加密版本：01
786><7078976<+*8->876　75786544775
<++*9897*5<76+?98575-　089557783</td></tr>
<tr><td colspan="2">货物或应税劳务、服务名称</td><td>规格型号</td><td>单位</td><td>数量</td><td>单 价</td><td colspan="2">金 额</td><td>税率</td><td colspan="2">税 额</td></tr>
<tr><td colspan="2">设备维修费</td><td></td><td></td><td>1</td><td>8 620.69</td><td colspan="2">8 620.69</td><td>16%</td><td colspan="2">1 379.31</td></tr>
<tr><td colspan="2">合 计</td><td></td><td></td><td></td><td></td><td colspan="2">¥8 620.69</td><td></td><td colspan="2">¥1 379.31</td></tr>
<tr><td colspan="2">价税合计（大写）</td><td colspan="9">⊗壹万元整　　（小写）¥10 000.00</td></tr>
<tr><td>销售方</td><td colspan="6">名　　称：南通楚华汽车修理厂
纳税人识别号：91320881234567807X
地 址、电 话：××××
开户行及账号：××××</td><td>备注</td><td colspan="3">南通楚华汽车修理厂
91320881234567807X
发票专用章</td></tr>
</table>

收款人：　　复核：　　开票人：李二　　销售方：（章）

第三联：发票联　购买方记账凭证

经济业务（14），见表7.26。

表 7.26

借 款 单

20#3年12月06日

<table>
<tr><td>借款人姓名</td><td colspan="2">王　五　　现金付讫</td></tr>
<tr><td>部　　门</td><td colspan="2">办公室</td></tr>
<tr><td>借 款 原 因</td><td colspan="2">去南京出差</td></tr>
<tr><td>借 款 金 额</td><td colspan="2">（大写）人民币肆仟元整　　¥4 000.00</td></tr>
<tr><td>领导意见：
同意　祁连山印</td><td>会计主管人员核批：
同意　李明</td><td>付款记录：
会计基本技能训练注册公司 财务专用章
20#3年12月06日</td></tr>
</table>

出纳：张伟　　借款人：王五

经济业务（15），见表7.27。

表 7.27

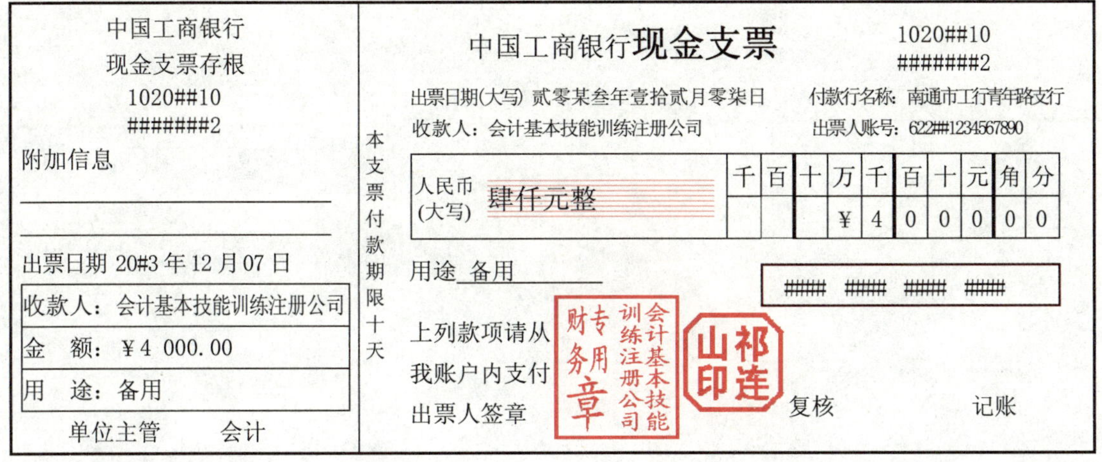

中国工商银行
现金支票存根
1020##10
########2
附加信息

出票日期 20#3 年 12 月 07 日
收款人：会计基本技能训练注册公司
金　额：¥4 000.00
用　途：备用
单位主管　　会计

本支票付款期限十天

中国工商银行**现金支票**　　1020##10
########2
出票日期(大写) 贰零某叁年壹拾贰月零柒日　　付款行名称：南通市工行青年路支行
收款人：会计基本技能训练注册公司　　出票人账号：622##1234567890

人民币(大写)	千	百	十	万	千	百	十	元	角	分
肆仟元整				¥	4	0	0	0	0	0

用途 备用　　#### #### #### ####
上列款项请从
我账户内支付
出票人签章　财务专用章　会计基本技能训练注册公司　祁连山印　复核　记账

经济业务（16），见表7.28～表7.30。

表 7.28

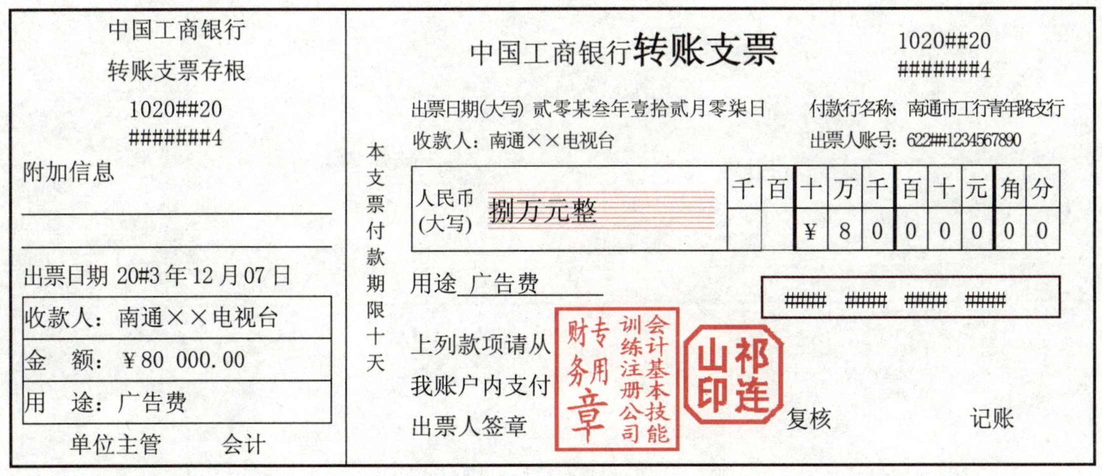

中国工商银行
转账支票存根
1020##20
########4
附加信息

出票日期 20#3 年 12 月 07 日
收款人：南通××电视台
金　额：¥80 000.00
用　途：广告费
单位主管　　会计

本支票付款期限十天

中国工商银行**转账支票**　　1020##20
########4
出票日期(大写) 贰零某叁年壹拾贰月零柒日　　付款行名称：南通市工行青年路支行
收款人：南通××电视台　　出票人账号：622##1234567890

人民币(大写)	千	百	十	万	千	百	十	元	角	分
捌万元整			¥	8	0	0	0	0	0	0

用途 广告费　　#### #### #### ####
上列款项请从
我账户内支付
出票人签章　财务专用章　会计基本技能训练注册公司　祁连山印　复核　记账

表 7.29

3200###130　　**江苏增值税专用发票**　　№ ######07

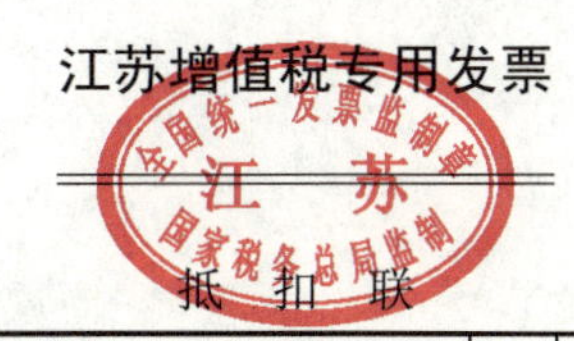

抵 扣 联　　开票日期：20#3年12月07日

购买方	名　　称：会计基本技能训练注册公司 纳税人识别号：91320601888888888X 地 址、电 话：南通市青年路##号0513-123456## 开户行及账号：南通市工行青年路支行622##1234567890	密码区	/56+75>+79*86967/987<　加密版本：01 786><7078976<+*8->876　75786544775 <++*9897*5<76+?98575-　089557783

货物或应税劳务、服务名称	规格型号	单位	数量	单 价	金 额	税率	税 额
广告费			1	75 471.70	75 471.70	6%	4 528.30
合 计					¥75 471.70		¥4 528.30
价税合计（大写）	⊗捌万元整						（小写）¥80 000.00

销售方	名　　称：南通××电视台 纳税人识别号：913208812345678O8X 地 址、电 话：×××× 开户行及账号：××××	备注	南通××电视台 91320881234567808X 发票专用章

收款人：　　复核：　　开票人：楚二　　销售方：（章）

第二联：抵扣联 购买方扣税凭证

表 7.30

3200###130　　**江苏增值税专用发票**　　№ ######07

发 票 联　　开票日期：20#3年12月07日

购买方	名　　称：会计基本技能训练注册公司 纳税人识别号：91320601888888888X 地 址、电 话：南通市青年路##号0513-123456## 开户行及账号：南通市工行青年路支行622##1234567890	密码区	/56+75>+79*86967/987<　加密版本：01 786><7078976<+*8->876　75786544775 <++*9897*5<76+?98575-　089557783

货物或应税劳务、服务名称	规格型号	单位	数量	单 价	金 额	税率	税 额
广告费			1	75 471.70	75 471.70	6%	4 528.30
合 计					¥75 471.70		¥4 528.30
价税合计（大写）	⊗捌万元整						（小写）¥80 000.00

销售方	名　　称：南通××电视台 纳税人识别号：91320881234567808X 地 址、电 话：×××× 开户行及账号：××××	备注	南通××电视台 91320881234567808X 发票专用章

收款人：　　复核：　　开票人：楚二　　销售方：（章）

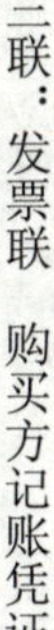
第三联：发票联 购买方记账凭证

经济业务（17），见表7.31。

表 7.31

费用报销凭证

20#3年12月08日

报销部门	办公室陈娟
报支原因	招待客户费用
付款方式	现金
费用金额	大写：人民币叁仟元整　　小写：¥3 000.00
附　　件	#张

现金付讫

会计基本技能训练注册公司 财务专用章

批准人：祁连山印　出纳：张伟　经办人：陈娟　收款人：陈娟

经济业务（18），见表7.32。

表 7.32

中国工商银行　电汇凭证　（回单）

☑普通　☐加急　　委托日期　20#3年12月08日

<table>
<tr><td rowspan="3">汇款人</td><td>全 称</td><td>会计基本技能训练注册公司</td><td rowspan="3">收款人</td><td>全 称</td><td colspan="11">江苏奥菲斯有限责任公司</td></tr>
<tr><td>账 号</td><td>622##1234567890</td><td>账 号</td><td colspan="11">622##12345678##</td></tr>
<tr><td>汇出地点</td><td>江苏省南通市</td><td>汇入地点</td><td colspan="11">江苏省苏州市</td></tr>
<tr><td colspan="2">汇出行名称</td><td>南通市工行青年路支行</td><td colspan="2">汇入行名称</td><td colspan="11">苏州##街道支行</td></tr>
<tr><td rowspan="2">金额</td><td rowspan="2">人民币（大写）</td><td colspan="3" rowspan="2">玖万元整</td><td>亿</td><td>千</td><td>百</td><td>十</td><td>万</td><td>千</td><td>百</td><td>十</td><td>元</td><td>角</td><td>分</td></tr>
<tr><td></td><td></td><td></td><td>¥</td><td>9</td><td>0</td><td>0</td><td>0</td><td>0</td><td>0</td><td>0</td></tr>
<tr><td colspan="3" rowspan="2">会计基本技能训练注册公司 财务专用章　祁连山印</td><td>支付密码</td><td colspan="12"></td></tr>
<tr><td colspan="13">附加信息及用途：
预付购买聚丙烯的货款
复核　记账</td></tr>
</table>

此联汇出行给汇款人的回单

经济业务（19），见表7.33～表7.35。

表 7.33

3200###130　　　　江苏增值税专用发票　　　　№ ######08

此联不作报销、抵扣凭证使用　　　　开票日期：20#3年12月08日

购买方	名　　称：江苏同心有限公司 纳税人识别号：91320601888888803X 地 址、电 话：×××× 开户行及账号：××××				密码区	/56+75>+79*86967/987<　加密版本：01 786><7078976<+*8->876　75786544775 <++*9897*5<76+?98575-　089557783		
货物或应税劳务、服务名称	规格型号	单位	数量	单价	金　额	税率	税　额	
莱尼纹纸		箱	700	1 000	700 000.00	16%	112 000.00	
合　计					¥700 000.00		¥112 000.00	
价税合计（大写）	⊗捌拾壹万贰千元整					（小写）¥812 000.00		
销售方	名　　称：会计基本技能训练注册公司 纳税人识别号：913206018888888888X 地 址、电 话：南通市青年路##号0513-123456##6 开户行及账号：南通市工行青年路支行622##1234567890				备注	（印章：会计基本技能训练注册公司 913206018888888888X 发票专用章）		

收款人：　　复核：　　开票人：张伟　　销售方：（章）

第一联：记账联　销售方记账凭证

表 7.34

出 库 单

仓库：产品库　　20#3年12月08日　　提货单位：江苏同心有限公司

名　称	单位	数量	单　价	金　额
莱尼纹纸	箱	700		

负责人：郭 三　　经手人：张 涛

表 7.35

中国工商银行 进账单（回单）

20#3年12月08日

收款人	全　称	会计基本技能训练注册公司	付款人	全　称	江苏同心有限公司
	账　号	622##1234567890		账　号	622##1234567803
	开户银行	南通市工行青年路支行		开户银行	工行外环路支行
金额	人民币（大写）捌拾壹万贰仟元整			亿 千 百 十 万 千 百 十 元 角 分	¥ 8 1 2 0 0 0 0 0
票据种类		票据张数			
票据张数					
复核　　记账				开户银行盖章	

此联是开户银行交给持（出）票人的回单

经济业务（20），见表7.36和表7.37。

表 7.36

中华人民共和国
税收通用缴款书

隶属关系：区

经济类型：有限责任公司　　填发日期：20#3年12月14日　　征收机关：南通市××税一分局

缴款单位（人）	代　码		预算科目	编码	
	全　称	会计基本技能训练注册公司		名称	
	开户银行	南通市工行青年路支行		级次	
	账　号	622##1234567890	收款国库		
税款所属日期 20#3年11月01日至30日			税款限缴日期 20#3年12月15日		

品目名称	课税数量	计税金额或销售收入	税率或单位税额	已缴或扣除额	实缴金额
增值税					¥34 000.00
金额合计	人民币（大写）叁万肆仟元整				
缴款单位（人）（盖章） 经办人（章）	税务机关（盖章） 填票人（章）	上列款项已收妥并划转收款单位账户 国库(银行)盖章20#3年12月14日			备注：

逾期不缴按税法规定加收滞纳金

表 7.37

中华人民共和国
税收通用缴款书

隶属关系：区

经济类型：有限责任公司　　填发日期：20#3年12月14日　　征收机关：南通市××税一分局

缴款单位（人）	代码		预算科目	编码	
	全称	会计基本技能训练注册公司		名称	
	开户银行	南通市工行青年路支行		级次	
	账号	622##1234567890	收款国库		
税款所属日期　20#3年11月01日至30日			税款限缴日期　20#3年12月15日		
品目名称	课税数量	计税金额或销售收入	税率或单位税额	已缴或扣除额	实缴金额
企业所得税					¥25 000.00
金额合计	人民币（大写）贰万伍仟元整				
缴款单位（人）（盖章） 经办人（章）	税务机关（盖章） 填票人（章）	上列款项已收妥并划转收款单位账户 国库(银行)盖章20#3年12月14日			备注：

逾期不缴按税法规定加收滞纳金

经济业务（21），见表7.38和表7.39。

表 7.38

中华人民共和国
税收通用缴款书

隶属关系：区

经济类型：有限责任公司　　填发日期：20#3年12月14日　　征收机关：南通市××税一分局

缴款单位（人）	代码		预算科目	编码	
	全称	会计基本技能训练注册公司		名称	
	开户银行	南通市工行青年路支行		级次	
	账号	622##1234567890	收款国库		
税款所属日期　20#3年11月01日至30日			税款限缴日期　20#3年12月15日		
品目名称	课税数量	计税金额或销售收入	税率或单位税额	已缴或扣除额	实缴金额
城市维护建设税 教育费附加		¥34 000.00 ¥34 000.00	7% 3%		¥2 380.00 ¥1 020.00
金额合计	人民币（大写）叁仟肆佰元整				¥3 400.00
缴款单位（人）（盖章） 经办人（章）	税务机关（盖章） 填票人（章）	上列款项已收妥并划转收款单位账户 国库(银行)盖章20#3年12月14日			备注：

逾期不缴按税法规定加收滞纳金

表 7.39

中华人民共和国
税收通用缴款书

隶属关系：区

经济类型：有限责任公司　　填发日期：20#3年12月14日　　征收机关：南通市××税一分局

缴款单位（人）	代码		预算科目	编码	
	全称	会计基本技能训练注册公司		名称	
	开户银行	南通市工行青年路支行		级次	
	账号	622##1234567890	收款国库		
税款所属日期　20#3年11月01日至30日			税款限缴日期　20#3年12月15日		
品目名称	课税数量	计税金额或销售收入	税率或单位税额	已缴或扣除额	实缴金额
个人所得税（工资薪金所得）					¥8 000.00
金额合计	人民币（大写）捌仟元整				
缴款单位（人）（盖章）	税务机关（盖章）	上列款项已收妥并划转收款单位账户			备注：
经办人（章）	填票人（章）	国库（银行）盖章20#3年12月14日			

逾期不缴按税法规定加收滞纳金

经济业务（22），见表7.40。

表 7.40

中华人民共和国
税收通用缴款书

隶属关系：区

经济类型：有限责任公司　　填发日期：20#3年12月14日　　征收机关：南通市××税一分局

缴款单位（人）	代码		预算科目	编码	
	全称	会计基本技能训练注册公司		名称	
	开户银行	南通市工行青年路支行		级次	
	账号	622##1234567890	收款国库		
税款所属日期　20#3年11月01日至30日			税款限缴日期　20#3年12月15日		
品目名称	课税数量	计税金额或销售收入	税率或单位税额	已缴或扣除额	实缴金额
印花税					¥400.00
金额合计	人民币（大写）肆佰元整				
缴款单位（人）（盖章）	税务机关（盖章）	上列款项已收妥并划转收款单位账户			备注：
经办人（章）	填票人（章）	国库（银行）盖章20#3年12月14日			

逾期不缴按税法规定加收滞纳金

经济业务（23），见表7.41～表7.43。

表 7.41

同城特约
委托收款凭证（付款通知）

委托日期：20#3年12月14日

付款人	全　称	会计基本技能训练注册公司	收款人	全　称	中国电信股份有限公司××分公司
	账　号	622##1234567890		账　号	622##9876543210
	开户行	南通市工行青年路支行		开户行	工行##支行

委托金额	人民币（大写） 人民币壹仟肆佰元整	亿	千	百	十	万	千	百	十	元	角	分
						¥	1	4	0	0	0	0

托收代码	123#	委托收款合同号	12345678#	附寄单证张数	
备注：			付款人开户银行盖章		

表 7.42

江苏省地方税务局统用机打发票

发票联

发票代码：1234567890#01

发票号码：12345#1

开票日期：20#3年12月14日　　行业分类：邮电电信　　委托协议号：12345678#

合同号：1341000000123456#	发票代码：1234567890#01
计费周期：20#3.11.11—20#3.11.30	发票号码：12345#1
付款人全称：会计基本技能训练注册公司	收款人全称：中国电信股份有限公司××分公司
付款人账号：622##1234567890	收款人账号：622##9876543210
付款人银行：南通市工行青年路支行	收款人银行：工行人民路
实收（大写）：人民币壹仟肆佰元整	实收（小写）：¥1 400.00

表 7.43

费用分摊表

序号	部　门	金　额
1	管理部门	¥300.00
2	销售部门	¥800.00
3	生产车间	¥300.00
合　计		¥1 400.00

制表人：　　　　　　　　　　　　　　　　　　复核人：

经济业务（24），见表7.44。

表 7.44

证券交易交割单

日期：20#3年12月01日—20#3年12月14日　　　　　　打印日期：20#3年12月14日

成交日期	证券代码	证券名称	买卖标志	成交价格	成交数量	成交金额	发生金额
12月14日	××××	A股票	××××	××××	××××	¥150 000.00	¥-150 000.00

注：佣金、印花税、过户费略。

经济业务（25），见表7.45。

表 7.45

差旅费报销单

姓名：王五　　　　　　　　20#3年12月14日

起止日期	起止地点	交通费	住宿费	其　他	合　计	单据
12.02—12.08	南通—南京	¥1 500.00	¥1 500.00	¥500.00	¥3 500.00	19
报支结算情况		原借款4 000元，退还500元				
金额	大写：人民币叁仟伍佰元整				小写：	¥3 500.00

现金付讫

会计：王 超　　　　　　　　　　　　　　　　报支人：王 五

经济业务（26），见表7.46。

表 7.46

工商银行（南通分行）记账回执 AA

接受机构：326#01　回单编号：130003#01　回单类型：××××　状　态：允许打印
业务名称：××××　业务种类：××××　业务编号：

付款人账号：11100987654321##01　付款人地址：
付款人名称：江苏巨晖有限公司

收款人账号：622##1234567890　收款人地址：
收款人名称：会计基本技能训练注册公司

货币、金额：CNY351 000.00
金额（大写）：人民币叁拾伍万壹仟元整
附　言：
摘　要：
票据日期：20#31214　票据号码：123456#1
交易代码：1234##　借贷标志：　复合柜员：　销账编号：
入账日期：20#31214　会计流水：　记账柜员：　记账机构：
打印日期：20#31214　打印机构：　打印柜员：　打印次数：1

南通市工行青年路支行 20#3.12.14 会计业务章 （02）

（银行盖章）

注：此记账回执加盖我行业务公章后方有效。

经济业务（27），见表7.47～表7.49。

表 7.47

3200###130　**江苏增值税专用发票**　№ ######09

全国统一发票监制章 江苏 国家税务总局监制

抵　扣　联

开票日期：20#3年12月14日

购买方	名　称：会计基本技能训练注册公司 纳税人识别号：91320601888888888X 地 址、电 话：南通市青年路##号0513-123456## 开户行及账号：南通市工行青年路支行622##1234567890					密码区	/56+75>+79*86967/987< 786><7078976<+*8->876 <++*9897*5<76+?98575-	加密版本：01 75786544775 089557783	
货物或应税劳务、服务名称	规格型号	单位	数量	单价		金　额		税率	税　额
聚苯乙烯		kg	1 000	300		300 000.00		16%	48 000.00
合　计						¥300 000.00			¥48 000.00
价税合计（大写）	⊗叁拾肆万捌仟元整								（小写）¥348 000.00
销售方	名　称：江苏超楚有限责任公司 纳税人识别号：91320881234567809X 地 址、电 话：×××× 开户行及账号：××××					备注	江苏超楚有限责任公司 91320881234567809X 发票专用章		

收款人：　复核：　开票人：李七　销售方：（章）

第二联：抵扣联　购买方扣税凭证

表 7.48

3200###130	江苏增值税专用发票	№ ######09
	发 票 联	开票日期：20#3年12月14日

购买方	名 称：会计基本技能训练注册公司 纳税人识别号：91320601888888888X 地 址、电 话：南通市青年路##号0513-123456## 开户行及账号：南通市工行青年路支行622##1234567890				密码区	/56+75>+79*86967/987< 加密版本：01 786><7078976<+*8->876 75786544775 <++*9897*5<76+?98575- 089557783		
货物或应税劳务、服务名称	规格型号	单位	数量	单价	金 额		税率	税 额
聚苯乙烯		kg	1 000	300	300 000.00		16%	48 000.00
合 计					¥300 000.00			¥48 000.00
价税合计（大写）	⊗叁拾肆万捌仟元整						（小写）¥348 000.00	
销售方	名 称：江苏超楚有限责任公司 纳税人识别号：91320881234567809X 地 址、电 话：×××× 开户行及账号：××××				备注	江苏超楚有限责任公司 91320881234567809X 发票专用章		

收款人： 复核： 开票人：李七 销售方：（章）

第三联：发票联 购买方记账凭证

表 7.49

入 库 单

仓库：材料库 20#3年12月14日 供货单位：江苏超楚有限责任公司

名 称	单位	数量	单价	金 额
聚苯乙烯	千克	1 000	¥300	¥300 000.00

负责人：李毅 经手人：张一

经济业务（28），见表7.50。

表 7.50

3200###320 **江苏增值税普通发票** No ######10

（全国统一发票监制章 江苏 国家税务总局监制）

发 票 联 开票日期：20#3年12月14日

购买方	名　　称：会计基本技能训练注册公司 纳税人识别号：91320601888888888X 地 址、电 话：南通市青年路##号0513-123456##6 开户行及账号：南通市工行青年路支行622##1234567890				密码区	/56+75>+79*86967/987< 加密版本：01 786><7078976<+*8->876 75786544775 <++*9897*5<76+?98575- 089557783		
货物或应税劳务、服务名称	规格型号	单位	数量	单价		金 额	税率	税 额
会计账簿等						194.17	3%	5.83
合 计						¥194.17		¥5.83
价税合计（大写）	⊗贰佰元整					（小写）¥200.00		
销售方	名　　称：南通商贸会计用品商店 纳税人识别号：91320881234567810X 地 址、电 话：×××× 开户行及账号：××××				备注	现金支付 （南通商贸会计用品商店 91320881234567810X 发票专用章）		

收款人： 复核： 开票人：祁文倦 销售方：（章）

第二联：发票联 购买方记账凭证

经济业务（29），见表7.51。

表 7.51

中 华 人 民 共 和 国
税 收 通 用 缴 款 书

隶属关系：区

经济类型：有限责任公司 填发日期：20#3年12月15日 征收机关：南通市××税二分局

缴款单位（人）	代　码			预算科目	编码	
	全　称	会计基本技能训练注册公司			名称	
	开户银行	南通市工行青年路支行			级次	
	账　号	622##1234567890		收款国库		
税款所属日期 20#3年11月01日至30日				税款限缴日期 20#3年12月15日		
品目名称	课税数量	计税金额或销售收入	税率或单位税额	已缴或扣除额	实缴金额	
养老					￥98 920.00	
医疗					￥13 780.00	
失业					￥7 300.00	
金额合计	人民币（大写）壹拾贰万元整				￥120 000.00	
缴款单位（人）（盖章） 经办人（章） （会计基本技能训练注册公司财务专用章）	税务机关（盖章） 填票人（章） （南通市××税二分局 征税专用章）	上列款项已收妥并划转收款单位账户 国库(银行)盖章20#3年12月15日 （南通市工行青年路支行 20#3.12.15 业务清讫）			备注：	

逾期不缴按税法规定加收滞纳金

经济业务（30），见表7.52。

表 7.52

南通市住房公积金汇（补）缴书

20#3年12月15日

收款单位	南通市住房公积金管理中心	缴款单位	会计基本技能训练注册公司
账号	########	公积金账号	########
开户银行	××××××××	汇缴月份11月	补缴人数 150 人

缴款金额（大写）	人民币柒万元整	百	十	万	千	百	十	元	角	分
			¥	7	0	0	0	0	0	0

上次汇缴		本次增加汇款		本次减少汇缴		本次汇（补）缴	
人数	金额	人数	金额	人数	金额	人数	金额
付款行	付款账号	支票账号		会计分录：			
				借：			
复核	记账	核定		贷：			

南通市工行青年路支行 20#3.12.15 会计业务章（01）

经济业务（31），见表7.53～表7.55。

表 7.53

3200###130

江苏增值税专用发票

№ ######11

抵扣联

开票日期：20#3年12月16日

购买方	名称：会计基本技能训练注册公司 纳税人识别号：91320601888888888X 地址、电话：南通市青年路##号0513-123456## 开户行及账号：南通市工行青年路支行622##1234567890			密码区	/56+75>+79*86967/987< 786><7078976<+*8->876 <++*9897*5<76+?98575-	加密版本：01 75786544775 089557783	
货物或应税劳务、服务名称	规格型号	单位	数量	单价	金额	税率	税额
机床		台	1	500 000.00	500 000.00	16%	80 000.00
合计					¥500 000.00		¥80 000.00
价税合计（大写）	⊗伍拾捌万元整				（小写）¥580 000.00		
销售方	名称：江苏九州设备生产公司 纳税人识别号：91320881234567811X 地址、电话：×××× 开户行及账号：××××			备注			

第二联：抵扣联 购买方扣税凭证

收款人： 复核： 开票人：李八 销售方：（章）

表　7.54

3200###130　　　　**江苏增值税专用发票**　　　　№ ######11

发　票　联　　　　　　　　　　　　开票日期：20#3年12月16日

购买方	名　　称：会计基本技能训练注册公司 纳税人识别号：91320601888888888X 地 址、电 话：南通市青年路##号0513-123456## 开户行及账号：南通市工行青年路支行622##1234567890	密码区	/56+75>+79*86967/987<　加密版本：01 786><7078976<+*8->876　75786544775 <++*9897*5<76+?98575-　089557783

货物或应税劳务、服务名称	规格型号	单位	数量	单　价	金　额	税率	税　额
机床		台	1	500 000.00	500 000.00	16%	80 000.00
合　计					¥500 000.00		¥80 000.00
价税合计（大写）	⊗伍拾捌万元整				（小写）¥580 000.00		

销售方	名　　称：江苏九州设备生产公司 纳税人识别号：91320881234567811X 地 址、电 话：×××× 开户行及账号：××××	备注	江苏九州设备生产公司 91320881234567811X 发票专用章

收款人：　　　复核：　　　开票人：李八　　　销售方：（章）

第三联：发票联　购买方记账凭证

表　7.55

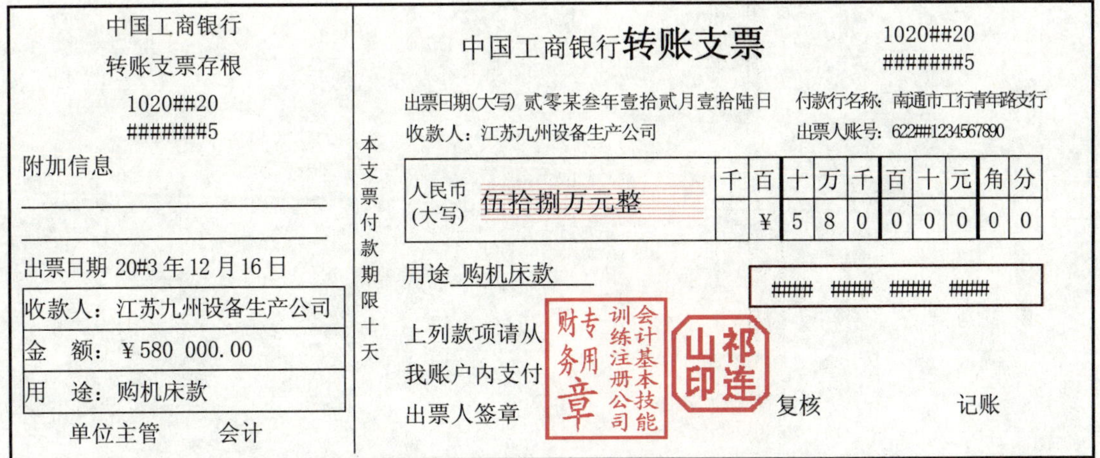

中国工商银行
转账支票存根
1020##20
#######5

附加信息

出票日期 20#3 年 12 月 16 日

收款人：江苏九州设备生产公司
金　额：¥580 000.00
用　途：购机床款

单位主管　　会计

本支票付款期限十天

中国工商银行**转账支票**　　1020##20
#######5

出票日期(大写) 贰零某叁年壹拾贰月壹拾陆日　付款行名称：南通市工行青年路支行
收款人：江苏九州设备生产公司　出票人账号：622##1234567890

人民币（大写）	千	百	十	万	千	百	十	元	角	分
伍拾捌万元整		¥	5	8	0	0	0	0	0	0

用途 购机床款　　　　#### #### #### ####

上列款项请从
我账户内支付
出票人签章　　会计基本技能训练注册公司 财务专用章　祁连山印　　复核　　记账

经济业务（32），见表7.56和表7.57。

表 7.56

中国工商银行汇票申请书（存根）

申请日期 20#3年12月16日　　第##号

申请人	会计基本技能训练注册公司	收款人	江苏四海有限责任公司
账号或住址	622##1234567890	账号或住址	××××
用途	买材料	代理付款行	××××

汇票金额	人民币（大写） 贰拾万元整	千	百	十	万	千	百	十	元	角	分
			¥	2	0	0	0	0	0	0	0

上列款项请从我账户内支付　　科目（借）________

对方科目（贷）________

申请人盖章　　财务主管　　复核　　经办

南通市工行青年路支行 20#3.12.16 会计业务章 (05)

表 7.57

中国工商银行业务收费凭证

币种：人民币　　20#3年12月16日　　流水号：

付款人：会计基本技能训练注册公司			收款人：江苏四海有限责任公司		
项目名称	工本费	手续费	电子汇划费		金额
申请汇票		¥200.00			¥200.00
金额（大写）	人民币贰佰元整				¥200.00
付款方式	转账				

南通市工行青年路支行 20#3.12.16 会计业务章 (05)

会计主管：　　授权：　　复核：　　录入：

经济业务（33），见表7.58。

表 7.58

中国工商银行 电汇凭证 （回单） 1

委托日期20#3年12月16日

<table>
<tr><td rowspan="3">填写单位</td><td>汇出行名称</td><td>南通市工行青年路支行</td><td>交款人</td><td colspan="11">赵华</td></tr>
<tr><td>账号</td><td>622##1234567890</td><td>款项来源</td><td colspan="11">投资</td></tr>
<tr><td>人民币（大写）</td><td colspan="2">伍拾伍万元整</td><td>亿
 </td><td>千
 </td><td>百
¥</td><td>十
5</td><td>万
5</td><td>千
0</td><td>百
0</td><td>十
0</td><td>元
0</td><td>角
0</td><td>分
0</td></tr>
<tr><td>银行确认栏</td><td colspan="14">南通市工行青年路支行 20#3.12.16 会计业务章 (05)
现金回单（无银行打印记录银行签章此单无效）</td></tr>
</table>

经济业务（34），见表7.59。

表 7.59

中国工商银行 电汇凭证 （回单） 1

☑普通 □加急 委托日期20#3年12月16日

<table>
<tr><td rowspan="3">汇款人</td><td>全称</td><td>会计基本技能训练注册公司</td><td rowspan="3">收款人</td><td>全称</td><td colspan="11">江苏鸿升有限公司</td></tr>
<tr><td>账号</td><td>622##1234567890</td><td>账号</td><td colspan="11">####</td></tr>
<tr><td>汇出地点</td><td>省 市/县</td><td>汇入地点</td><td colspan="11">省 市/县</td></tr>
<tr><td colspan="2">汇出行名称</td><td>南通市工行青年路支行</td><td colspan="2">汇入行名称</td><td colspan="11">××××</td></tr>
<tr><td>金额</td><td colspan="5">人民币（大写）叁拾伍万壹仟元整</td><td>亿
 </td><td>千
 </td><td>百
¥</td><td>十
3</td><td>万
5</td><td>千
1</td><td>百
0</td><td>十
0</td><td>元
0</td><td>角
0</td><td>分
0</td></tr>
<tr><td colspan="3" rowspan="2">南通市工行青年路支行 20#3.12.16 会计业务章 (05)
汇出行签章</td><td colspan="2">支付密码</td><td colspan="11">#### #### #### ####</td></tr>
<tr><td colspan="13">附加信息及用途：
货款
复核 记账</td></tr>
</table>

此联是汇出行给汇款人的回单

经济业务（35），见表7.60。

表 7.60

中国工商银行 **进账单** （回单）

20#3年12月16日

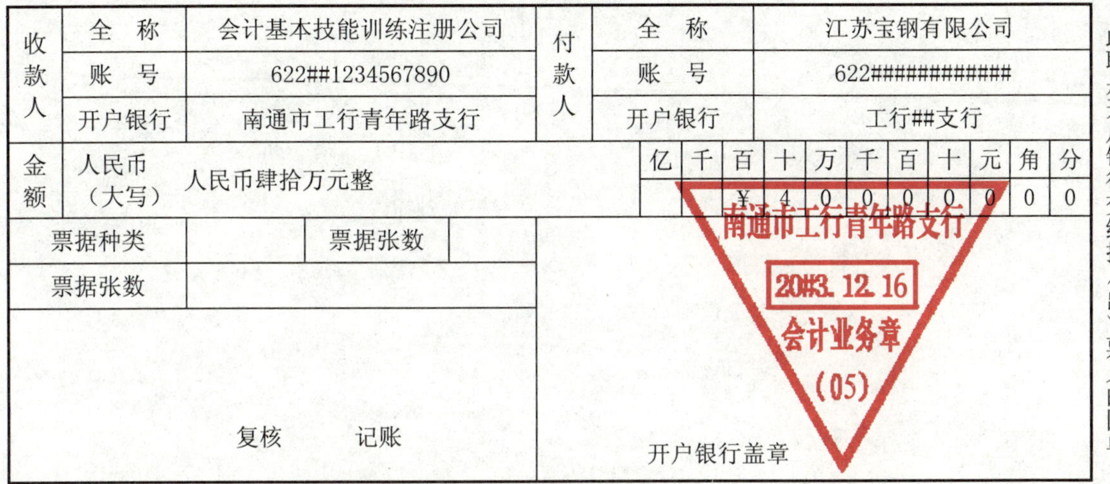

收款人	全　称	会计基本技能训练注册公司	付款人	全　称	江苏宝钢有限公司
	账　号	622##1234567890		账　号	622############
	开户银行	南通市工行青年路支行		开户银行	工行##支行

金额	人民币（大写）	人民币肆拾万元整	亿	千	百	十	万	千	百	十	元	角	分
					¥	4	0	0	0	0	0	0	0

票据种类		票据张数	
票据张数			
复核　记账		开户银行盖章	

南通市工行青年路支行 20#3.12.16 会计业务章 (05)

此联是开户银行交给持（出）票人的回单

经济业务（36），见表7.61。

表 7.61

工商银行（南通分行）记账回执　AA

接受机构：326#02　回单编号：130003#02　回单类型：××××　状　态：允许打印

业务名称：××××　业务种类：××××　业务编号：

付款人账号：11100987654321##02　付款人地址：

付款人名称：江苏佰特有限公司

收款人账号：622##1234567890　收款人地址：

收款人名称：会计基本技能训练注册公司

货币、金额：CNY500 000.00

金额（大写）：人民币伍拾万元整

附　　言：货款

摘　　要：

票据日期：20#31216　票据号码：123456#2

交易代码：1234##　借贷标志：　复合柜员：　销账编号：

入账日期：20#31216　会计流水：　记账柜员：　记账机构：

打印日期：20#31216　打印机构：　打印柜员：　打印次数：1

南通市工行青年路支行 20#3.12.16 会计业务章 (05)

（银行盖章）

注：此记账回执加盖我行业务公章后方有效。

经济业务（37），见表7.62。

表 7.62

中国工商银行 电汇凭证 （回单） 1

☑普通 □加急 委托日期20#3年12月16日

汇款人	全称	会计基本技能训练注册公司	收款人	全称	江苏尚宏有限公司
	账号	622##1234567890		账号	####
	汇出地点	省 市/县		汇入地点	省 市/县
汇出行名称		南通市工行青年路支行	汇入行名称		××××
金额		人民币（大写）叁拾肆万贰仟元整		亿千百十万千百十元角分	¥34200000
南通市工行青年路支行 20#3.12.16 会计业务章 (05) 汇出行签章			支付密码		#### #### #### ####
			附加信息及用途：材料款		
			复核		记账

此联是汇出行给汇款人的回单

经济业务（38），见表7.63～表7.65。

表 7.63

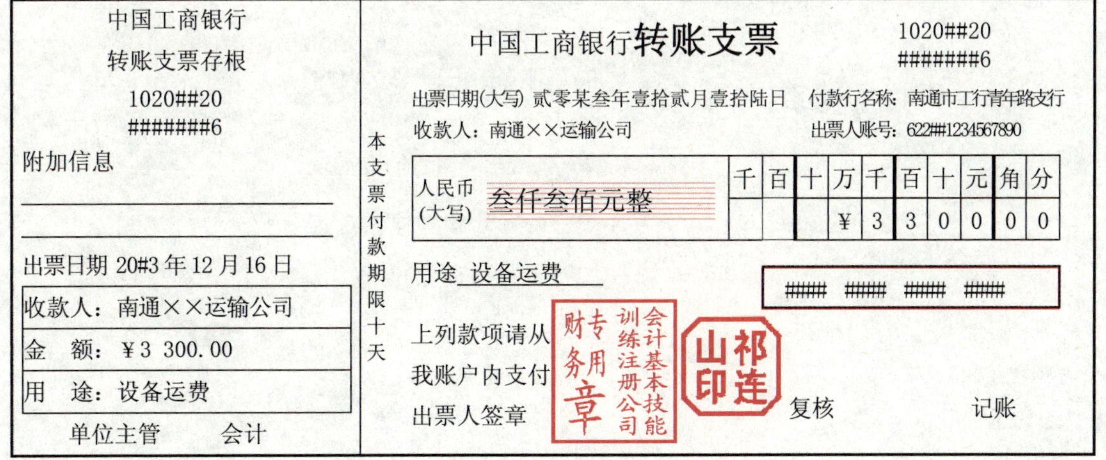

中国工商银行 转账支票存根 1020##20 #######6	本支票付款期限十天	中国工商银行转账支票 1020##20 #######6
附加信息		出票日期(大写) 贰零某叁年壹拾贰月壹拾陆日 付款行名称：南通市工行青年路支行
		收款人：南通××运输公司 出票人账号：622##1234567890
出票日期 20#3 年 12 月 16 日		人民币(大写) 叁仟叁佰元整 千百十万千百十元角分 ¥330000
收款人：南通××运输公司		用途 设备运费 #### #### #### ####
金 额：¥3 300.00		上列款项请从我账户内支付
用 途：设备运费		出票人签章 会计基本技能训练注册公司财务专用章 祁连山印 复核 记账
单位主管 会计		

表 7.64

3200###230　　**江苏增值税专用发票**　　№ ######12

抵 扣 联

开票日期：20#3年12月16日

购买方	名　　称：会计基本技能训练注册公司 纳税人识别号：91320601888888888X 地 址、电 话：南通市青年路##号0513-123456## 开户行及账号：南通市工行青年路支行622##1234567890				密码区	/56+75>+79*86967/987<　加密版本：01 786><7078976<+*8->876　75786544775 <++*9897*5<76+?98575-　089557783		
货物或应税劳务、服务名称	规格型号	单位	数量	单 价		金 额	税率	税 额
运输费			1	3 000.00		3 000.00	10%	300.00
合 计						¥3 000.00		¥300.00
价税合计（大写）	⊗叁仟叁佰元整					（小写）¥3 300.00		
销售方	名　　称：南通××运输公司 纳税人识别号：91320881234567812X 地 址、电 话：×××× 开户行及账号：××××				备注	起运地：南京市 到达地：南通市 车种车号：载货车 苏A B3598 运输货物信息：机床		

收款人：　　复核：　　开票人：李凯　　销售方：（章）

第二联：抵扣联　购买方扣税凭证

表 7.65

3200###230　　**江苏增值税专用发票**　　№ ######12

发 票 联

开票日期：20#3年12月16日

购买方	名　　称：会计基本技能训练注册公司 纳税人识别号：91320601888888888X 地 址、电 话：南通市青年路##号0513-123456## 开户行及账号：南通市工行青年路支行622##1234567890				密码区	/56+75>+79*86967/987<　加密版本：01 786><7078976<+*8->876　75786544775 <++*9897*5<76+?98575-　089557783		
货物或应税劳务、服务名称	规格型号	单位	数量	单 价		金 额	税率	税 额
运输费			1	3 000.00		3 000.00	10%	300.00
合 计						¥3 000.00		¥300.00
价税合计（大写）	⊗叁仟叁佰元整					（小写）¥3 300.00		
销售方	名　　称：南通××运输公司 纳税人识别号：91320881234567812X 地 址、电 话：×××× 开户行及账号：××××				备注	起运地：南京市 到达地：南通市 车种车号：载货车 苏A B3598 运输货物信息：机床		

收款人：　　复核：　　开票人：李凯　　销售方：（章）

第三联：发票联　购买方记账凭证

经济业务（39），见表7.66。

表 7.66

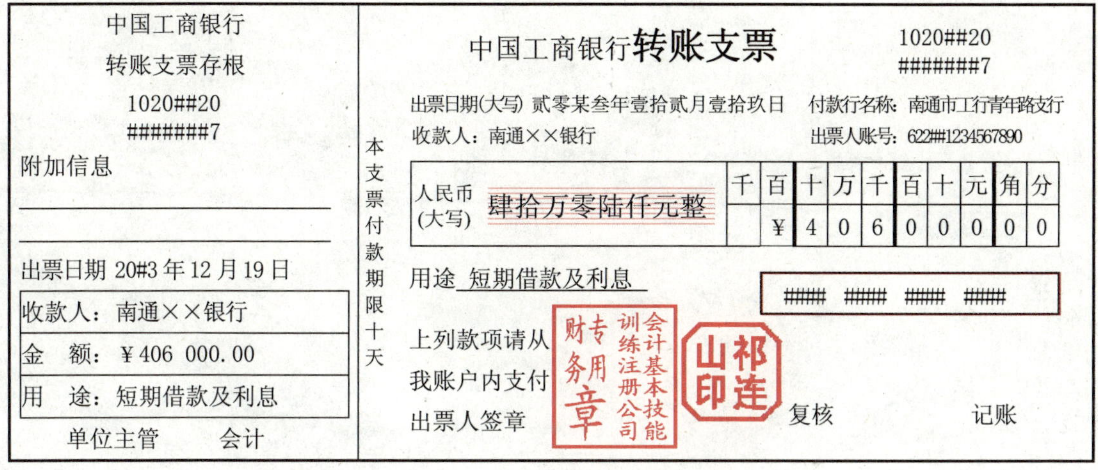

中国工商银行
转账支票存根
1020##20
#######7
附加信息

出票日期 20#3 年 12 月 19 日

收款人：南通××银行
金 额：￥406 000.00
用 途：短期借款及利息

单位主管　　会计

本支票付款期限十天

中国工商银行转账支票　　1020##20 #######7

出票日期(大写) 贰零某叁年壹拾贰月壹拾玖日　付款行名称：南通市工行青年路支行
收款人：南通××银行　出票人账号：622##1234567890

人民币(大写)	肆拾万零陆仟元整	千	百	十	万	千	百	十	元	角	分
			￥	4	0	6	0	0	0	0	0

用途 短期借款及利息　　#### #### #### ####

上列款项请从
我账户内支付
出票人签章　　会计基本技能训练注册公司 财务专用章　　祁连山印　　复核　　记账

经济业务（40），见表7.67和表7.68。

表 7.67

3200###130　　**江苏增值税专用发票**　　№ ######13

抵 扣 联

开票日期：20#3年12月19日

购买方	名　　称：会计基本技能训练注册公司 纳税人识别号：91320601888888888X 地 址、电 话：南通市青年路##号0513-123456## 开户行及账号：南通市工行青年路支行622##1234567890				密码区	/56+75>+79*86967/987< 加密版本：01 786><7078976<+*8->876 75786544775 <++*9897*5<76+?98575- 089557783		
货物或应税劳务、服务名称	规格型号	单位	数量	单价	金　额	税率	税　额	
热收缩膜		件	600	220.00	132 000.00	16%	21 120.00	
合　计					¥132 000.00		¥21 120.00	
价税合计（大写）	⊗壹拾伍万叁仟壹佰贰拾元整						（小写）¥153 120.00	
销售方	名　　称：江苏四海有限责任公司 纳税人识别号：91320881234567813X 地 址、电 话：×××× 开户行及账号：××××				备注	江苏四海有限责任公司 91320881234567813X 发票专用章		

第二联：抵扣联 购买方扣税凭证

收款人：　　复核：　　开票人：徐三　　销售方：（章）

表 7.68

3200###130　　江苏增值税专用发票　　№ ######13

发 票 联　　开票日期：20#3年12月19日

购买方	名　　称：会计基本技能训练注册公司 纳税人识别号：91320601888888888X 地 址、电 话：南通市青年路##号0513-123456## 开户行及账号：南通市工行青年路支行622##1234567890				密码区	/56+75>+79*86967/987< 加密版本：01 786><7078976<+*8->876 75786544775 <++*9897*5<76+?98575- 089557783		
货物或应税劳务、服务名称	规格型号	单位	数量	单价		金　额	税率	税　额
热收缩膜		件	600	220.00		132 000.00	16%	21 120.00
合　计						¥132 000.00		¥21 120.00
价税合计（大写）	⊗壹拾伍万叁仟壹佰贰拾元整					（小写）¥153 120.00		
销售方	名　　称：江苏四海有限责任公司 纳税人识别号：91320881234567813X 地 址、电 话：×××× 开户行及账号：××××				备注	江苏四海有限责任公司 91320881234567813X 发票专用章		

收款人：　　复核：　　开票人：徐三　　销售方：（章）

第三联：发票联　购买方记账凭证

经济业务（41），见表7.69。

表 7.69

工商银行（南通分行）记账回执　AA

接受机构：326#03　回单编号：130003#03　回单类型：××××　状　态：允许打印
业务名称：××××　业务种类：××××　业务编号：

付款人账号：####　付款人地址：
付款人名称：江苏帝奥有限公司

收款人账号：622##1234567890　收款人地址：
收款人名称：会计基本技能训练注册公司

货币、金额：CNY344 520.00
金额（大写）：人民币叁拾肆万肆仟伍佰贰拾元整

附　　言：货款
摘　　要：
票据日期：20#31219　票据号码：123456#3
交易代码：1234##　借贷标志：　复合柜员：　销账编号：
入账日期：20#31219　会计流水：　记账柜员：　记账机构：
打印日期：20#31219　打印机构：　打印柜员：　打印次数：1

南通市工行青年路支行 20#3.12.19 会计业务章 (06)

（银行盖章）

注：此记账回执加盖我行业务公章后方有效。

经济业务（42），见表7.70和表7.71。

表 7.70

江苏省增值税普通发票

记 账 联

购货单位：江苏顺天办公用品公司　　　　　　　　　　　　20#3年12月19日

品号及规格	货物或劳务	单位	数量	单价	金额						
					万	千	百	十	元	角	分
机器设备					¥	7	2	8	0	0	0
金额合计（大写）人民币柒仟贰佰捌拾元整											
备注											

收款方记账凭证

开票单位（盖章）：　　　　复核人：　　　　　　　　开票人：张伟

表 7.71

工商银行（南通分行）记账回执　AA

接受机构：326#03　回单编号：130003#03　回单类型：××××　状　　态：允许打印
业务名称：××××　业务种类：××××　业务编号：

付款人账号：####　付款人地址：
付款人名称：江苏顺天办公用品公司

收款人账号：622##1234567890　收款人地址：
收款人名称：会计基本技能训练注册公司

货币、金额：CNY7 280.00
金额（大写）：人民币柒仟贰佰捌拾元整

附　　言：
摘　　要：
票据日期：20#31219　票据号码：123456#3
交易代码：1234##　借贷标志：　复合柜员：　销账编号：
入账日期：20#31219　会计流水：　记账柜员：　记账机构：
打印日期：20#31219　打印机构：　打印柜员：　打印次数：1

（银行盖章）

注：此记账回执加盖我行业务公章后方有效。

经济业务（43），见表7.72和表7.73。

表 7.72

公益性捐赠单位统一收据

20#3年12月20日

捐 赠 者 会计基本技能训练注册公司

捐赠项目 南通××红十字会

捐赠金额 大写：人民币肆万元整

小写：¥40 000.00

货币（实物）种类：人民币

备 注：

接受单位（盖章）：南通××红十字会 913208123457789OX 发票专用章 经手人：王大海

表 7.73

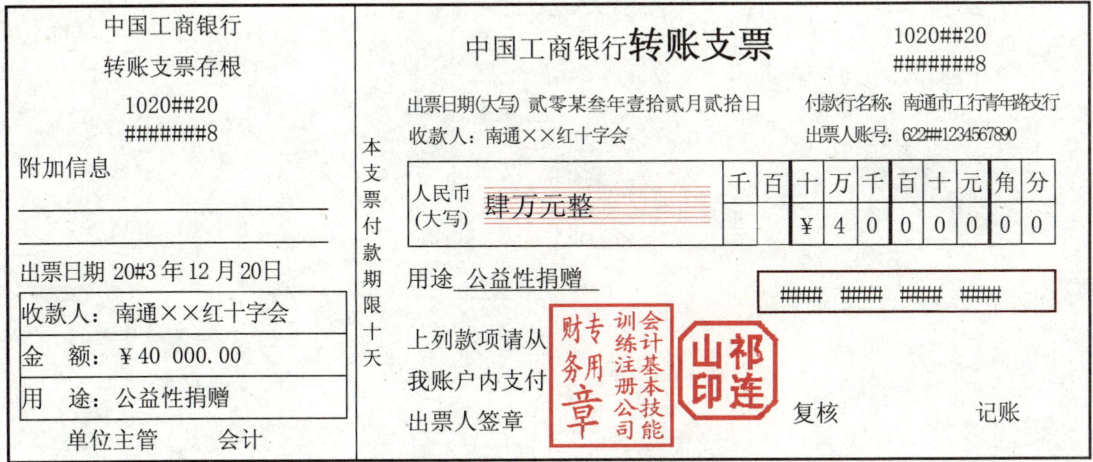

中国工商银行 转账支票存根 1020##20 #######8	中国工商银行**转账支票** 1020##20 #######8
附加信息	出票日期(大写) 贰零某叁年壹拾贰月贰拾日 付款行名称：南通市工行青年路支行
	收款人：南通××红十字会 出票人账号：622##1234567890
出票日期 20#3 年 12 月 20日	本支票付款期限十天
收款人：南通××红十字会	人民币(大写) 肆万元整
金 额：¥40 000.00	
用 途：公益性捐赠	用途 公益性捐赠 #### #### #### ####
单位主管 会计	上列款项请从我账户内支付 出票人签章 会计基本技能训练注册公司财务专用章 祁连山印 复核 记账

千	百	十	万	千	百	十	元	角	分
		¥	4	0	0	0	0	0	0

经济业务（44），见表7.74～表7.77。

表　7.74

3200###130　　　　**江苏增值税专用发票**　　　　№ ######14

抵　扣　联

开票日期：20#3年12月19日

购买方		密码区	
名　　称：会计基本技能训练注册公司 纳税人识别号：91320601888888888X 地 址、电 话：南通市青年路##号0513-123456## 开户行及账号：南通市工行青年路支行622##1234567890		/56+75>+79*86967/987< 786><7078976<+*8->876 <++*9897*5<76+?98575-	加密版本：01 75786544775 089557783

货物或应税劳务、服务名称	规格型号	单位	数量	单　价	金　额	税率	税　额
展览费			1	6 603.77	6 603.77	6%	396.23
合　计					¥6 603.77		¥396.23
价税合计（大写）	⊗柒仟元整				（小写）¥7 000.00		

销售方		备注
名　　称：南通××会展服务公司 纳税人识别号：91320881234567814X 地 址、电 话：×××× 开户行及账号：××××		

收款人：　　　复核：　　　开票人：吴佳　　　销售方：（章）

第二联：抵扣联　购买方扣税凭证

表　7.75

3200###130　　　　**江苏增值税专用发票**　　　　№ ######14

发　票　联

开票日期：20#3年12月19日

购买方		密码区	
名　　称：会计基本技能训练注册公司 纳税人识别号：91320601888888888X 地 址、电 话：南通市青年路##号0513-123456## 开户行及账号：南通市工行青年路支行622##1234567890		/56+75>+79*86967/987< 786><7078976<+*8->876 <++*9897*5<76+?98575-	加密版本：01 75786544775 089557783

货物或应税劳务、服务名称	规格型号	单位	数量	单　价	金　额	税率	税　额
展览费			1	6 603.77	6 603.77	6%	396.23
合　计					¥6 603.77		¥396.23
价税合计（大写）	⊗柒仟元整				（小写）¥7 000.00		

销售方		备注
名　　称：南通××会展服务公司 纳税人识别号：91320881234567814X 地 址、电 话：×××× 开户行及账号：××××		

收款人：　　　复核：　　　开票人：吴佳　　　销售方：（章）

第三联：发票联　购买方记账凭证

表 7.76

<table>
<tr><td>中国工商银行
转账支票存根
1020##20
#######9
附加信息

出票日期 20#3 年 12 月 20日
收款人：南通××会展服务公司
金　额：￥7 000.00
用　途：展览费
单位主管　　会计</td><td>本支票付款期限十天</td><td>中国工商银行转账支票　　1020##20 #######9
出票日期(大写) 贰零某叁年壹拾贰月贰拾日　　付款行名称：南通市工行青年路支行
收款人：南通××会展服务公司　　出票人账号：622##1234567890
人民币(大写) 柒仟元整　　千 百 十 万 千 百 十 元 角 分：￥ 7 0 0 0 0 0
用途 展览费　　#### #### #### ####
上列款项请从我账户内支付
出票人签章 [财务专用章：会计基本技能训练注册公司] [山祁印连]　　复核　　记账</td></tr>
</table>

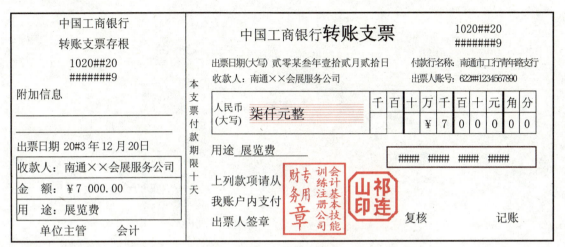

表 7.77

费用报销凭证

20#3年12月20日

报销部门	市场拓展部 陈小二
报支原因	展览费
付款方式	现金
费用金额	大写：人民币捌佰元整　　小写：￥800.00
附　　件	#张

现金付讫　[财务专用章：会计基本技能训练注册公司]

批准人：[山祁印连]　出纳：张伟　经办人：陈小二　收款人：陈小二

经济业务（45），签订的商品销售折让合同如下。

商品销售折让合同

甲方：会计基本技能训练注册公司
乙方：江苏速达有限公司

乙方于本月10日收到甲方的商品，发现商品的质量有些问题，现甲、乙双方经过协商，乙方不再申请退货，甲方给予乙方销售价格的5%的优惠幅度，于付款时扣除。

若有其他问题，事后由甲、乙双方协商解决。

甲方：会计基本技能训练注册公司　　　　乙方：江苏速达有限公司
20#3年12月20日　　　　20#3年12月20日

经济业务（46），见表7.78和表7.79。

表 7.78

3200###130　　　　**江苏增值税专用发票**　　　　№ ######15

全国统一发票监制章 江苏 国家税务总局监制

此联不作报销、抵扣凭证使用　　　　开票日期：20#3年12月21日

购买方	名　　称：江苏宝蓝有限公司 纳税人识别号：91320601888888804X 地 址、电 话：×××× 开户行及账号：××××				密码区	/56+75>+79*86967/987< 加密版本：01 786><7078976<+*8->876 75786544775 <++*9897*5<76+?98575- 089557783	
货物或应税劳务、服务名称	规格型号	单位	数量	单价	金　额	税率	税　额
皮纹纸		箱	400	1 000	400 000.00	16%	64 000.00
幻彩纸		箱	200	2 000	400 000.00	16%	64 000.00
合　计					¥800 000.00		¥128 000.00
价税合计（大写）	⊗玖拾贰万捌仟元整					（小写）¥928 000.00	
销售方	名　　称：会计基本技能训练注册公司 纳税人识别号：91320601888888888X 地 址、电 话：南通市青年路##号0513-123456##6 开户行及账号：南通市工行青年路支行622##1234567890				备注	会计基本技能训练注册公司 91320601888888888X 发票专用章	

收款人：　　复核：　　开票人：张伟　　销售方：（章）

第一联：记账联　销售方记账凭证

表 7.79

出库单

仓库：产品库　　20#3年12月21日　　提货单位：江苏宝蓝有限公司

名　称	单位	数量	单　价	金　额
皮纹纸	箱	400		
幻彩纸	箱	200		

负责人：郭　三　　经手人：张　涛

经济业务（47），见表7.80。

表 7.80

工商银行（南通分行）记账回执　AA

接受机构：326#04　回单编号：130003#04　回单类型：××××　状　态：允许打印
业务名称：××××　业务种类：××××　业务编号：

付款人账号：####　付款人地址：
付款人名称：江苏腾飞有限公司

收款人账号：622##1234567890　收款人地址：
收款人名称：会计基本技能训练注册公司

南通市工行青年路支行
20#3.12.21
会计业务章
(03)

货币、金额：CNY300 000.00
金额（大写）：人民币叁拾万元整

附　言：货款
摘　要：
票据日期：20#31221　票据号码：123456#4
交易代码：1234##　借贷标志：　复合柜员：　销账编号：
入账日期：20#31221　会计流水：　记账柜员：　记账机构：
打印日期：20#31221　打印机构：　打印柜员：　打印次数：1

（银行盖章）

注：此记账回执加盖我行业务公章后方有效。

经济业务（48），见表7.81。

表　7.81

商业承兑汇票（卡片）　1

出票日期（大写）：贰零某叁年壹拾贰月贰拾贰日　　汇票号码：＃＃＃＃

付款人	全　称	江苏思泉有限责任公司	收款人	全　称	会计基本技能训练注册公司		
	账　号	####		账　号	622##1234567890		
	开户银行	××××		开户银行	南通市工行青年路支行	行号	＃＃＃＃
出票金额		人民币（大写）壹拾捌万元整			亿千百十万千百十元角元 ¥1 8 0 0 0 0 0 0		
汇票到期日（大写）		贰零某肆年伍月贰拾贰日	交易合同号码		＃＃＃＃		
复核　　记账			收款人开户银行盖章				

此联承兑人存查

南通市工行青年路支行 20#3.12.22 会计业务章 (05)

经济业务（49），见表7.82～表7.84。

表　7.82

3200###130　　江苏增值税专用发票　　No ######16

全国统一发票监制章 江苏 国家税务总局监制

抵扣联　　开票日期：20#3年12月22日

购买方	名　　称：会计基本技能训练注册公司 纳税人识别号：91320601888888888X 地址、电话：南通市青年路##号0513-123456## 开户行及账号：南通市工行青年路支行622##1234567890				密码区	/56+75>+79*86967/987<　加密版本：01 786><7078976<+*8->876　75786544775 <++*9897*5<76+?98575-　089557783		
货物或应税劳务、服务名称	规格型号	单位	数量	单价	金　额		税率	税　额
聚氯乙烯树脂		件	1 500	200.00	300 000.00		16%	48 000.00
合　计					¥300 000.00			¥48 000.00
价税合计（大写）	⊗叁拾肆万捌仟元整						（小写）¥348 000.00	
销售方	名　　称：江苏港华有限责任公司 纳税人识别号：91320881234567815X 地址、电话：×××× 开户行及账号：××××				备注	江苏港华有限责任公司 91320881234567815X 发票专用章		

收款人：　　复核：　　开票人：孙青　　销售方：（章）

第二联：抵扣联　购买方扣税凭证

表 7.83

3200###130

江苏增值税专用发票

No ######16

发 票 联

开票日期：20#3年12月22日

购买方	名　　称：会计基本技能训练注册公司 纳税人识别号：91320601888888888X 地 址、电 话：南通市青年路##号0513-123456## 开户行及账号：南通市工行青年路支行622##1234567890				密码区	/56+75>+79*86967/987< 加密版本：01 786><7078976<+*8->876 75786544775 <++*9897*5<76+?98575- 089557783		
货物或应税劳务、服务名称	规格型号	单位	数量	单价	金　额		税率	税　额
聚氯乙烯树脂		件	1 500	200.00	300 000.00		16%	48 000.00
合　计					¥300 000.00			¥48 000.00
价税合计（大写）	⊗叁拾肆万捌仟元整				（小写）¥348 000.00			
销售方	名　　称：江苏港华有限责任公司 纳税人识别号：91320881234567815X 地 址、电 话：×××× 开户行及账号：××××				备注	江苏港华有限责任公司 91320881234567815X 发票专用章		

收款人：　　　　复核：　　　　开票人：孙青　　　　销售方：（章）

第三联：发票联　购买方记账凭证

表 7.84

入 库 单

仓库：材料库　　　　20#3年12月22日　　　　供货单位：江苏港华有限责任公司

名　称	单位	数量	单价	金　额
聚氯乙烯树脂	千克	1 500	¥200	¥300 000.00

负责人：李毅　　　　经手人：张 一

经济业务（50），见表7.85和表7.86。

表 7.85

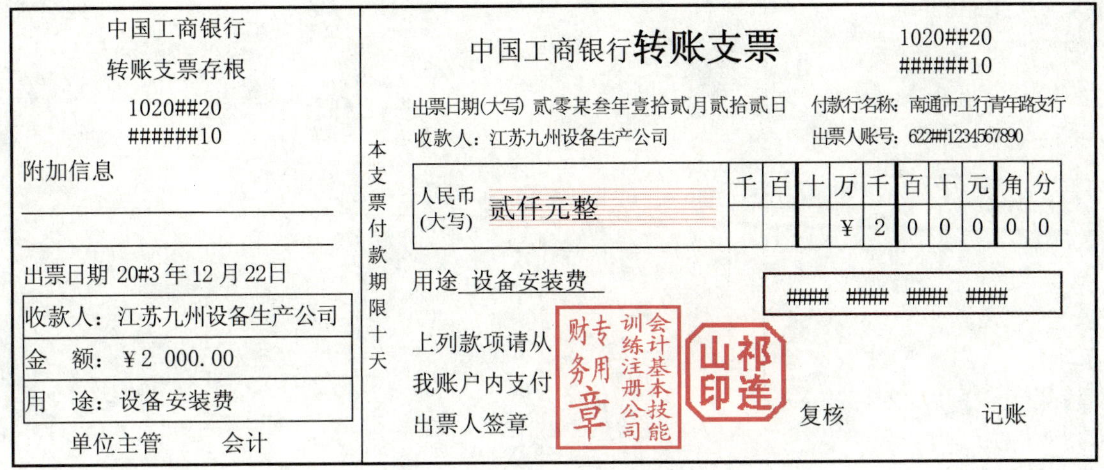

中国工商银行
转账支票存根
1020##20
######10
附加信息

出票日期 20#3 年 12 月 22日

收款人：江苏九州设备生产公司
金 额：￥2 000.00
用 途：设备安装费

单位主管 会计

本支票付款期限十天

中国工商银行转账支票 1020##20 ######10

出票日期(大写) 贰零某叁年壹拾贰月贰拾贰日 付款行名称：南通市工行青年路支行
收款人：江苏九州设备生产公司 出票人账号：622##1234567890

人民币（大写）	千	百	十	万	千	百	十	元	角	分
贰仟元整				￥	2	0	0	0	0	0

用途 设备安装费 #### #### #### ####

上列款项请从
我账户内支付
出票人签章 会计基本技能训练注册公司财务专用章 祁连山印 复核 记账

表 7.86

固定资产验收单

会计基本技能训练注册公司 20#3年12月22日

资产编号	####	资产名称	##设备		
规格(型号)	####	资产代码	####	购置日期	20#3年12月16日
管 理 人	××××	出厂日期	####	使用年限	10年
金额（元）	大写：人民币伍拾万零伍仟元整 小写：￥505 000.00			预计残值	5 000.00
生产厂家	××××		安装使用地点	××××	
固定资产验收情况说明： 固定资产性能符合单位的生产要求，可以投入使用。 参加验收人员签字：×××× 验收日期：20#3年12月22日					

注：此表一式三份，使用部门、管理部门、财务部门各一份。

经济业务（51），见表7.87。

表 7.87

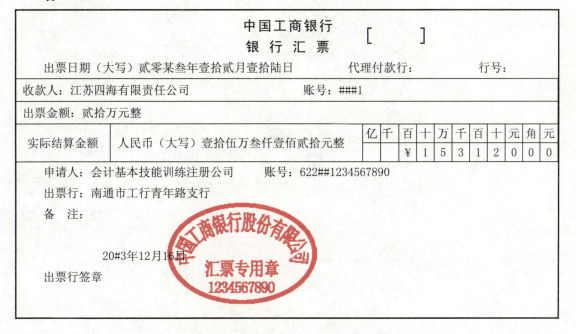

中国工商银行
银 行 汇 票　　[　　]

出票日期（大写）贰零某叁年壹拾贰月壹拾陆日　　代理付款行：　　行号：

收款人：江苏四海有限责任公司　　账号：###1

出票金额：贰拾万元整

实际结算金额	人民币（大写）壹拾伍万叁仟壹佰贰拾元整	亿	千	百	十	万	千	百	十	元	角	元
				¥	1	5	3	1	2	0	0	0

申请人：会计基本技能训练注册公司　　账号：622##1234567890

出票行：南通市工行青年路支行

备　注：

中国工商银行股份有限公司 汇票专用章 1234567890

20#3年12月16日

出票行签章

经济业务（52），见表7.88～表7.90。

表 7.88

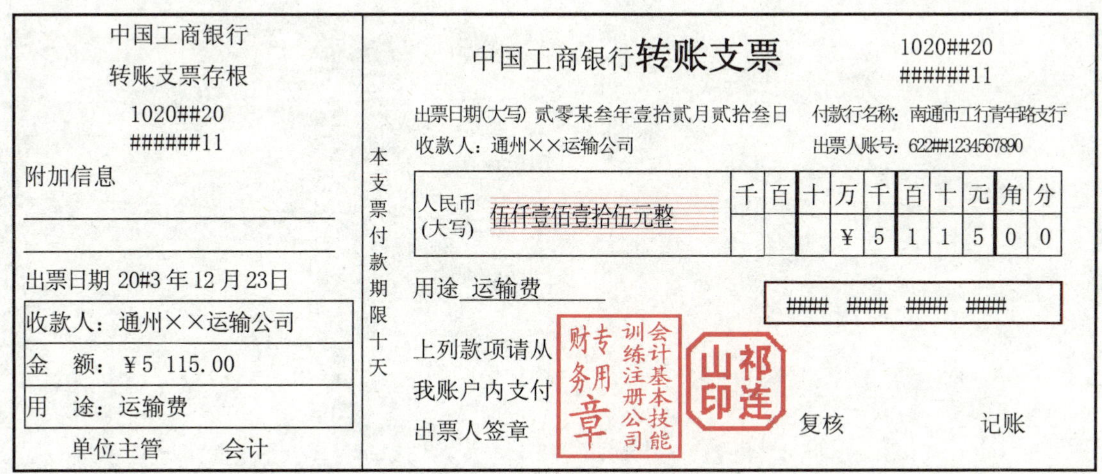

中国工商银行
转账支票存根
1020##20
######11
附加信息

出票日期 20#3 年 12 月 23日

收款人：通州××运输公司
金　额：¥5 115.00
用　途：运输费

单位主管　　会计

中国工商银行转账支票　　1020##20 ######11

出票日期(大写) 贰零某叁年壹拾贰月贰拾叁日　　付款行名称：南通市工行青年路支行

收款人：通州××运输公司　　出票人账号：622##1234567890

本支票付款期限十天

人民币(大写)	伍仟壹佰壹拾伍元整	千	百	十	万	千	百	十	元	角	分
					¥	5	1	1	5	0	0

用途 运输费

####

上列款项请从
我账户内支付
出票人签章　　会计基本技能训练注册公司 财务专用章　　祁连山印　　复核　　记账

表 7.89

3200###230

江苏增值税专用发票

№ ######17

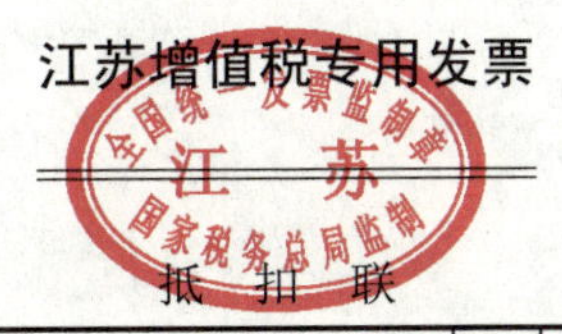

抵　扣　联

开票日期：20#3年12月23日

<table>
<tr><td>购买方</td><td colspan="4">名　　　称：会计基本技能训练注册公司
纳税人识别号：91320601888888888X
地 址、电 话：南通市青年路##号0513-123456##
开户行及账号：南通市工行青年路支行622##1234567890</td><td>密码区</td><td colspan="3">/56+75>+79*86967/987<　加密版本：01
786><7078976<+*8->876　75786544775
<++*9897*5<76+?98575-　089557783</td></tr>
<tr><td colspan="2">货物或应税劳务、服务名称</td><td>规格型号</td><td>单位</td><td>数量</td><td>单　价</td><td>金　额</td><td>税率</td><td>税　额</td></tr>
<tr><td colspan="2">运输费</td><td></td><td></td><td>1</td><td>4 650.00</td><td>4 650.00</td><td>10%</td><td>465.00</td></tr>
<tr><td colspan="2">合　计</td><td></td><td></td><td></td><td></td><td>¥4 650.00</td><td></td><td>¥465.00</td></tr>
<tr><td colspan="2">价税合计（大写）</td><td colspan="7">⊗伍仟壹佰壹拾伍元整　　　　（小写）¥5 115.00</td></tr>
<tr><td>销售方</td><td colspan="4">名　　　称：通州××运输公司
纳税人识别号：91320881234567816X
地 址、电 话：××××
开户行及账号：××××</td><td>备注</td><td colspan="3">起运地：南通市
到达地：无锡市
车种车号：载货车　苏F E360F
运输货物信息：纸张</td></tr>
</table>

收款人：　　　复核：　　　开票人：刘平　　　销售方：（章）

第二联：抵扣联　购买方扣税凭证

表 7.90

3200###230

江苏增值税专用发票

№ ######17

发　票　联

开票日期：20#3年12月23日

<table>
<tr><td>购买方</td><td colspan="4">名　　　称：会计基本技能训练注册公司
纳税人识别号：91320601888888888X
地 址、电 话：南通市青年路##号0513-123456##
开户行及账号：南通市工行青年路支行622##1234567890</td><td>密码区</td><td colspan="3">/56+75>+79*86967/987<　加密版本：01
786><7078976<+*8->876　75786544775
<++*9897*5<76+?98575-　089557783</td></tr>
<tr><td colspan="2">货物或应税劳务、服务名称</td><td>规格型号</td><td>单位</td><td>数量</td><td>单　价</td><td>金　额</td><td>税率</td><td>税　额</td></tr>
<tr><td colspan="2">运输费</td><td></td><td></td><td>1</td><td>4 650.00</td><td>4 650.00</td><td>10%</td><td>465.00</td></tr>
<tr><td colspan="2">合　计</td><td></td><td></td><td></td><td></td><td>¥4 650.00</td><td></td><td>¥465.00</td></tr>
<tr><td colspan="2">价税合计（大写）</td><td colspan="7">⊗伍仟壹佰壹拾伍元整　　　　（小写）¥5 115.00</td></tr>
<tr><td>销售方</td><td colspan="4">名　　　称：通州××运输公司
纳税人识别号：91320881234567816X
地 址、电 话：××××
开户行及账号：××××</td><td>备注</td><td colspan="3">起运地：南通市
到达地：无锡市
车种车号：载货车　苏F E360F
运输货物信息：纸张</td></tr>
</table>

收款人：　　　复核：　　　开票人：刘平　　　销售方：（章）

第三联：发票联　购买方记账凭证

经济业务（53），见表7.91～表7.94。

表 7.91

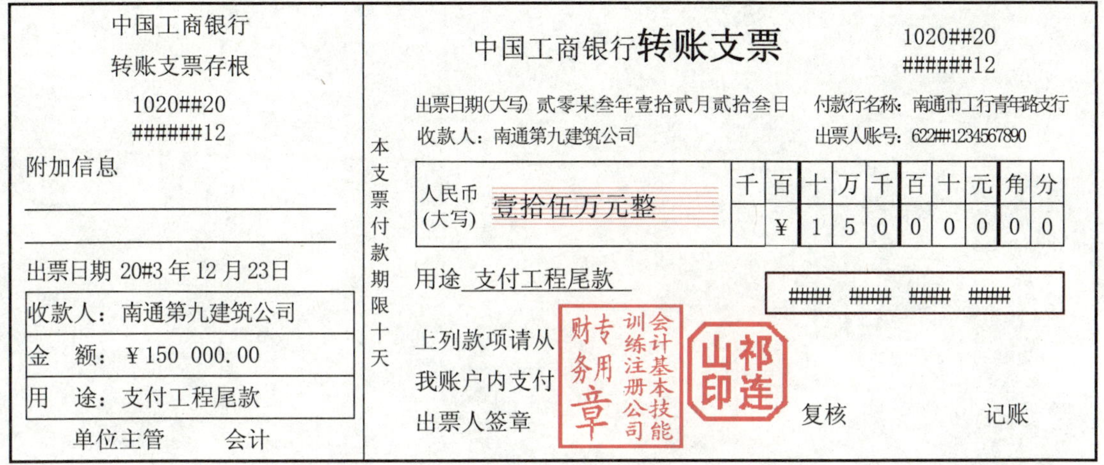

中国工商银行 转账支票存根 1020##20 ######12	中国工商银行**转账支票** 1020##20 ######12
附加信息	出票日期(大写) 贰零某叁年壹拾贰月贰拾叁日　付款行名称：南通市工行青年路支行
出票日期 20#3 年 12 月 23日	收款人：南通第九建筑公司　出票人账号：622##1234567890
收款人：南通第九建筑公司	本支票付款期限十天
金　额：￥150 000.00	人民币(大写) 壹拾伍万元整　千 百 十 万 千 百 十 元 角 分：￥ 1 5 0 0 0 0 0 0
用　途：支付工程尾款	用途 支付工程尾款　#### #### #### ####
单位主管　　会计	上列款项请从我账户内支付 出票人签章（财务专用章 会计基本技能训练注册公司）（祁连印 山）　复核　记账

表 7.92

3200###160　　**江苏增值税专用发票**　　№ ######18

（全国统一发票监制章 江苏 国家税务总局监制）

代开　　抵扣联　　开票日期：20#3年12月23日

购买方	名　　称：会计基本技能训练注册公司 纳税人识别号：913206018888888888X 地 址、电 话：南通市青年路##号0513-123456## 开户行及账号：南通市工行青年路支行622##1234567890	密码区	/56+75>+79*86967/987<　加密版本：01 786><7078976<+*8->876　75786544775 <++*9897*5<76+?98575-　089557783

货物或应税劳务、服务名称	规格型号	单位	数量	单价	金　额	税率	税　额
工程款			1		272 727.27	10%	27 272.73
合　计					¥272 727.27		¥27 272.73
价税合计（大写）	⊗叁拾万元整						（小写）300 000.00

（南通市××税务分局 代开发票专用章 91320881234567817X）

销售方	名　　称：南通市××税务分局　（代开机关） 纳税人识别号：91320881234567817X　（代开机关） 地 址、电 话：×××× 开户行及账号：××××　（完税凭证号）	备注	代开企业税号：91320881234567818X 代开企业名称：南通第九建筑公司

（南通第九建筑公司 发票专用章）

收款人：　　复核：　　开票人：焦诗琪　　销售方：（章）

第二联：抵扣联　购买方扣税凭证

表 7.93

3200###160　　　　**江苏增值税专用发票**　　　　№ ######18

代开　　　　发票联　　　　开票日期：20#3年12月23日

购买方	名　　称：会计基本技能训练注册公司 纳税人识别号：91320601888888888X 地 址、电 话：南通市青年路##号0513-123456## 开户行及账号：南通市工行青年路支行622##1234567890					密码区	/56+75>+79*86967/987<　加密版本：01 786><7078976<+*8->876　75786544775 <++*9897*5<76+?98575-　089557783		
货物或应税劳务、服务名称		规格型号	单位	数量	单价	金　额		税率	税　额
工程款				1		272 727.27		10%	27 272.73
合　计						¥272 727.27			¥27 272.73
价税合计（大写）	⊗叁拾万元整							（小写）300 000.00	
销售方	名　　称：南通市××税务分局（代开机关） 纳税人识别号：91320881234567817X（代开机关） 地 址、电 话：×××× 开户行及账号：××××（完税凭证号）					备注	代开企业税号：91320881234567818X 代开企业名称：南通第九建筑公司		

收款人：　　复核：　　开票人：焦诗琪　　销售方：（章）

第三联：发票联　购买方记账凭证

南通市××税务分局　代开发票专用章　91320881234567817X

表 7.94

固定资产验收单

会计基本技能训练注册公司　　　　20#3年12月23日

资产编号	####	资产名称	仓库		
规格(型号)	####	资产代码	####	购置日期	20#3年12月23日
管 理 人	####	出厂日期	####	使用年限	20年
金额（元）	大写:人民币贰拾柒万贰仟柒佰贰拾柒元贰角柒分 小写:¥272 727.27			预计残值	¥272 727.27
生产厂家	××××		安装使用地点		××××

固定资产验收情况说明：

固定资产性能符合单位的生产要求，可以投入使用。

参加验收人员签字：××××

验收日期：20#3年12月23日

注：此表一式三份，使用部门、管理部门、财务部门各一份。

经济业务（54），见表7.95。

表 7.95

工商银行（南通分行）记账回执　AA

接受机构：326#04　回单编号：130003#05　回单类型：××××　状　　态：允许打印
业务名称：××××　业务种类：××××　业务编号：

收款人账号：####　收款人地址：
收款人名称：江苏众义达有限公司

付款人账号：622##1234567890　付款人地址：
付款人名称：会计基本技能训练注册公司

货币、金额：CNY400 000.00
金额（大写）：人民币肆拾万元整

附　　言：货款
摘　　要：
票据日期：20#31223　票据号码：123456#5
交易代码：1234##　借贷标志：　复合柜员：　销账编号：
入账日期：20#31223　会计流水：　记账柜员：　记账机构：
打印日期：20#31223　打印机构：　打印柜员：　打印次数：1

南通市工行青年路支行 20#3.12.23 会计业务章 (07)

（银行盖章）

注：此记账回执加盖我行业务公章后方有效。

经济业务（55），见表7.96。

表 7.96

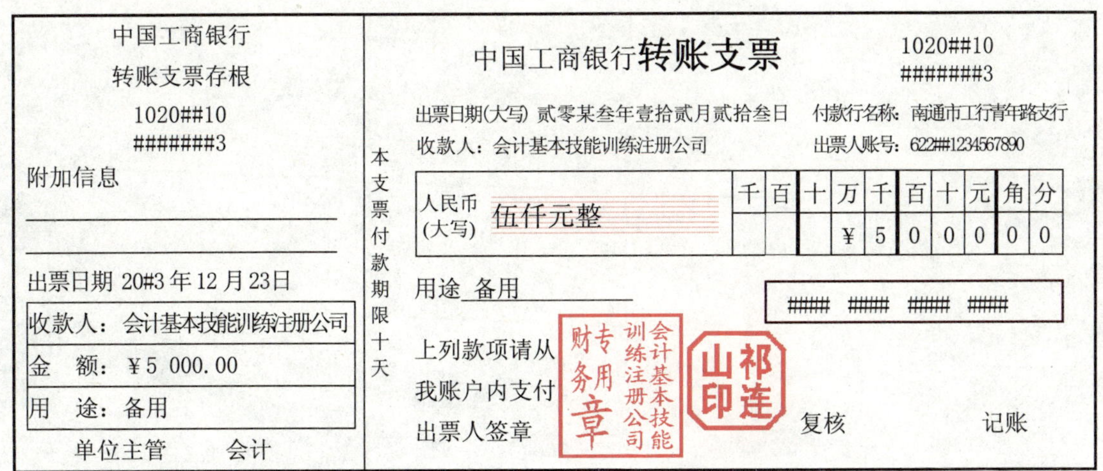

中国工商银行
转账支票存根
1020##10
#######3
附加信息

出票日期 20#3 年 12 月 23 日
收款人：会计基本技能训练注册公司
金　额：￥5 000.00
用　途：备用
单位主管　　会计

中国工商银行转账支票　1020##10 #######3
出票日期(大写) 贰零某叁年壹拾贰月贰拾叁日　付款行名称：南通市工行青年路支行
收款人：会计基本技能训练注册公司　出票人账号：622##1234567890
本支票付款期限十天

人民币(大写)	千	百	十	万	千	百	十	元	角	分
伍仟元整				￥	5	0	0	0	0	0

用途 备用　　#### #### #### ####
上列款项请从
我账户内支付
出票人签章　会计基本技能训练注册公司财务专用章　祁连山印　复核　记账

经济业务（56），见表7.97。

表 7.97

工商银行（南通分行）记账回执　AA

接受机构：326#06　回单编号：130003#06　回单类型：××××　状　态：允许打印
业务名称：××××　业务种类：××××　业务编号：

付款人账号：####　付款人地址：
付款人名称：江苏红豪特有限公司

收款人账号：622##1234567890　收款人地址：
收款人名称：会计基本技能训练注册公司

货币、金额：CNY700 000.00
金额（大写）：人民币柒拾万元整

附　言：货款
摘　要：
票据日期：20#31223　票据号码：123456#6
交易代码：1234#1　借贷标志：　复合柜员：　销账编号：
入账日期：20#31223　会计流水：　记账柜员：　记账机构：
打印日期：20#31223　打印机构：　打印柜员：　打印次数：1

南通市工行青年路支行 20#3.12.23 会计业务章 (07)

（银行盖章）

注：此记账回执加盖我行业务公章后方有效。

经济业务（57），见表7.98和表7.99。

表 7.98

江苏省地方税务局统用机打发票

全国统一发票监制章 江苏 地方税务局监制

发票联　发票代码：1234567890#02

开票日期：20#3年12月23日　行业分类：邮电电信　发票号码：12345#2

用户号码：####　业务类型：邮政业务 20#4年报刊
用 户 名：会计基本技能训练注册公司

类型	数量	价格
报刊费	3份	1 200

南通××邮政局 91320881234566690X 发票专用章

实收（大写）：人民币叁仟陆佰元整　实收（小写）：¥3 600.00

表 7.99

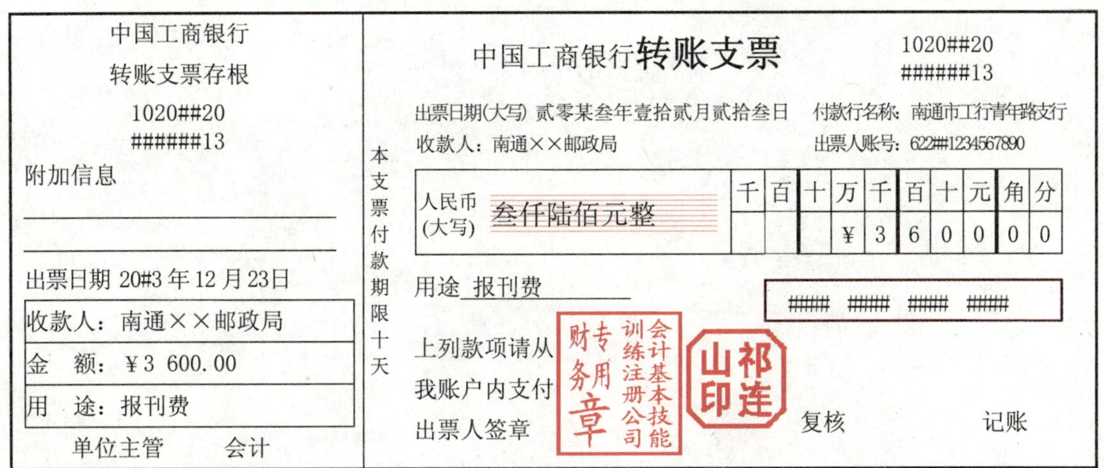

中国工商银行
转账支票存根
1020##20
######13

附加信息

出票日期 20#3 年 12 月 23日

收款人：南通××邮政局
金 额：¥3 600.00
用 途：报刊费

单位主管 会计

本支票付款期限十天

中国工商银行**转账支票** 1020##20 ######13

出票日期(大写) 贰零某叁年壹拾贰月贰拾叁日 付款行名称：南通市工行青年路支行
收款人：南通××邮政局 出票人账号：622##1234567890

人民币(大写)	叁仟陆佰元整	千	百	十	万	千	百	十	元	角	分
					¥	3	6	0	0	0	0

用途 报刊费

####

上列款项请从
我账户内支付
出票人签章

会计基本技能训练注册公司财务专用章　祁连山印

复核 记账

经济业务（58），见表7.100。

表 7.100

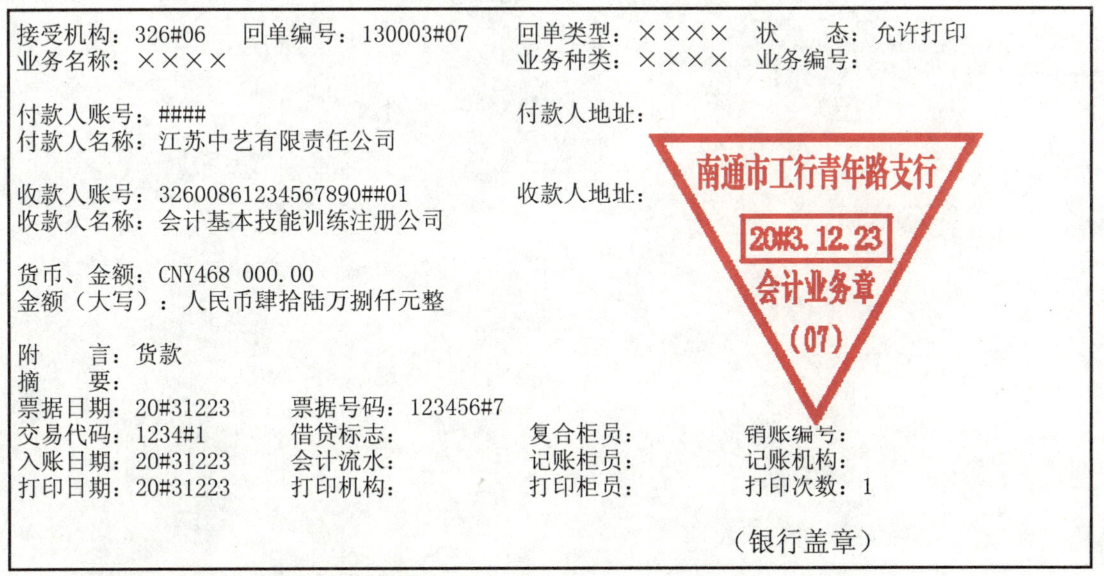

工商银行（南通分行）记账回执 AA

接受机构：326#06 回单编号：130003#07 回单类型：×××× 状 态：允许打印
业务名称：×××× 业务种类：×××× 业务编号：

付款人账号：#### 付款人地址：
付款人名称：江苏中艺有限责任公司

收款人账号：32600861234567890##01 收款人地址：
收款人名称：会计基本技能训练注册公司

货币、金额：CNY468 000.00
金额（大写）：人民币肆拾陆万捌仟元整

附 言：货款
摘 要：
票据日期：20#31223 票据号码：123456#7
交易代码：1234#1 借贷标志： 复合柜员： 销账编号：
入账日期：20#31223 会计流水： 记账柜员： 记账机构：
打印日期：20#31223 打印机构： 打印柜员： 打印次数：1

南通市工行青年路支行 20#3.12.23 会计业务章 (07)

（银行盖章）

注：此记账回执加盖我行业务公章后方有效。

经济业务（59），见表7.101。

表 7.101

入 库 单

仓库：材料库 20#3年12月26日 供货单位：江苏四海有限责任公司

名 称	单位	数量	单价	金 额
热收缩膜	件	600	¥220	¥132 000.00

负责人：李毅 经手人：张一

经济业务（60），见表7.102～表7.104。

表 7.102

中国工商银行 转账支票存根 1020##20 ######14 附加信息 出票日期 20#3 年 12 月 26日 收款人：南通××物业公司 金　额：￥120 000.00 用　途：厂房租金 单位主管　　会计	本支票付款期限十天	中国工商银行**转账支票**　1020##20 ######14 出票日期(大写) 贰零某叁年壹拾贰月贰拾陆日　付款行名称：南通市工行青年路支行 收款人：南通××物业服务公司　出票人账号：622##1234567890 人民币(大写) 壹拾贰万元整　千 百 十 万 千 百 十 元 角 分：￥ 1 2 0 0 0 0 0 0 用途 厂房租金　#### #### #### #### 上列款项请从我账户内支付 出票人签章　财务专用章 会计基本技能训练注册公司　祁连印　复核　记账

表 7.103

3200###230　　**江苏增值税专用发票**　　№ ######19

全国统一发票监制章 江苏 国家税务总局监制

抵扣联

开票日期：20#3年12月26日

购买方	名　　称：会计基本技能训练注册公司 纳税人识别号：91320601888888888X 地 址、电 话：南通市青年路##号0513-123456## 开户行及账号：南通市工行青年路支行622##1234567890				密码区	/56+75>+79*86967/987<　加密版本：01 786><7078976<+*8->876　75786544775 <++*9897*5<76+?98575-　089557783		
货物或应税劳务、服务名称	规格型号	单位	数量	单价	金　额	税率	税　额	
厂房租金			1		109 090.91	10%	10 909.09	
合　计					¥109 090.91		¥10 909.09	
价税合计（大写）	⊗壹拾贰万元整				（小写）¥120 000.00			
销售方	名　　称：南通××物业服务公司 纳税人识别号：91320881234567819X 地 址、电 话：×××× 开户行及账号：××××				备注	南通××物业服务公司 91320881234567819X 发票专用章		

收款人：　　复核：　　开票人：胡桂芳　　销售方：（章）

第二联：抵扣联　购买方扣税凭证

表 7.104

3200###230 江苏增值税专用发票 No ######19

发 票 联 开票日期：20#3年12月26日

<table>
<tr><td rowspan="4">购买方</td><td colspan="5">名 称：会计基本技能训练注册公司
纳税人识别号：91320601888888888X
地 址、电 话：南通市青年路##号0513-123456##
开户行及账号：南通市工行青年路支行622##1234567890</td><td>密码区</td><td colspan="3">/56+75>+79*86967/987< 加密版本：01
786><7078976<+*8->876 75786544775
<++*9897*5<76+?98575- 089557783</td></tr>
<tr><td>货物或应税劳务、服务名称</td><td>规格型号</td><td>单位</td><td>数量</td><td>单价</td><td>金 额</td><td>税率</td><td>税 额</td></tr>
<tr><td>运输费</td><td></td><td></td><td>1</td><td></td><td>109 090.91</td><td>10%</td><td>10 909.09</td></tr>
<tr><td>合 计</td><td></td><td></td><td></td><td></td><td>¥109 090.91</td><td></td><td>¥10 909.09</td></tr>
<tr><td colspan="2">价税合计（大写）</td><td colspan="5">⊗壹拾贰万元整</td><td colspan="3">（小写）¥120 000.00</td></tr>
<tr><td>销售方</td><td colspan="5">名 称：南通××物业服务公司
纳税人识别号：91320881234567819X
地 址、电 话：××××
开户行及账号：××××</td><td>备注</td><td colspan="3">南通××物业服务公司
91320881234567819X
发票专用章</td></tr>
</table>

收款人： 复核： 开票人：胡桂芳 销售方：（章）

第三联：发票联 购买方记账凭证

经济业务（61），见表7.105和表7.106。

表 7.105

3200###130 江苏增值税专用发票 No ######20

此联不作报销、抵扣凭证使用 开票日期：20#3年12月27日

<table>
<tr><td rowspan="4">购买方</td><td colspan="5">名 称：南通通农有限责任公司
纳税人识别号：91320601888888805X
地 址、电 话：××××
开户行及账号：××××</td><td>密码区</td><td colspan="3">/56+75>+79*86967/987< 加密版本：01
786><7078976<+*8->876 75786544775
<++*9897*5<76+?98575- 089557783</td></tr>
<tr><td>货物或应税劳务、服务名称</td><td>规格型号</td><td>单位</td><td>数量</td><td>单价</td><td>金 额</td><td>税率</td><td>税 额</td></tr>
<tr><td>皮纹纸</td><td></td><td>箱</td><td>500</td><td>1 000</td><td>500 000.00</td><td>16%</td><td>80 000.00</td></tr>
<tr><td>合 计</td><td></td><td></td><td></td><td></td><td>¥500 000.00</td><td></td><td>¥80 000.00</td></tr>
<tr><td colspan="2">价税合计（大写）</td><td colspan="5">⊗伍拾捌万元整</td><td colspan="3">（小写）¥580 000.00</td></tr>
<tr><td>销售方</td><td colspan="5">名 称：会计基本技能训练注册公司
纳税人识别号：91320601888888888X
地 址、电 话：南通市青年路##号0513-123456##6
开户行及账号：南通市工行青年路支行622##1234567890</td><td>备注</td><td colspan="3">会计基本技能训练注册公司
91320601888888888X
发票专用章</td></tr>
</table>

收款人： 复核： 开票人：张伟 销售方：（章）

第一联：记账联 销售方记账凭证

表 7.106

出 库 单

仓库：产品库　　20#3年12月27日　　提货单位：南通通农有限责任公司

名 称	单位	数量	单价	金额
皮纹纸	箱	500		

负责人：郭三　　经手人：张涛

经济业务（62），见表7.107和表7.108。

表 7.107

3200###130　　**江苏增值税专用发票**　　№ ######21

全国统一发票监制章 江苏 国家税务总局监制

此联不作报销、抵扣凭证使用　　开票日期：20#3年12月27日

购买方	名　　称：江苏腾飞有限公司 纳税人识别号：913206018888888806X 地 址、电 话：×××× 开户行及账号：××××				密码区	/56+75>+79*86967/987< 786><7078976<+*8->876 <++*9897*5<76+?98575-	加密版本：01 75786544775 089557783	
货物或应税劳务、服务名称	规格型号	单位	数量	单价	金　额	税率	税　额	
莱尼纹纸		箱	500	1 000	500 000.00	16%	80 000.00	
合　计					¥500 000.00		¥80 000.00	
价税合计（大写）	⊗伍拾捌万元整						（小写）¥580 000.00	
销售方	名　　称：会计基本技能训练注册公司 纳税人识别号：913206018888888888X 地 址、电 话：南通市青年路##号0513-123456##6 开户行及账号：南通市工行青年路支行622##1234567890				备注	会计基本技能训练注册公司 913206018888888888X 发票专用章		

收款人：　　复核：　　开票人：张伟　　销售方：（章）

第一联：记账联　销售方记账凭证

表 7.108

出 库 单

仓库：产品库　　20#3年12月27日　　提货单位：江苏腾飞有限公司

名 称	单位	数量	单 价	金 额
莱尼纹纸	箱	500		

负责人：郭 三　　经手人：张 涛

经济业务（63），原始凭证略。

经济业务（64），见表7.109。

表 7.109

中国工商银行 电汇凭证 （回单） 1

☑普通 □加急　　委托日期20#3年12月27日

<table>
<tr><td rowspan="3">汇款人</td><td>全 称</td><td>会计基本技能训练注册公司</td><td rowspan="3">收款人</td><td>全 称</td><td colspan="11">江苏昆腾有限责任公司</td></tr>
<tr><td>账 号</td><td>622##1234567890</td><td>账 号</td><td colspan="11">####</td></tr>
<tr><td>汇出地点</td><td>省 市/县</td><td>汇入地点</td><td colspan="11">省 市/县</td></tr>
<tr><td colspan="2">汇出行名称</td><td>南通市工行青年路支行</td><td colspan="2">汇入行名称</td><td colspan="11">× × × ×</td></tr>
<tr><td rowspan="2">金额</td><td colspan="4" rowspan="2">人民币（大写）贰拾万元整</td><td>亿</td><td>千</td><td>百</td><td>十</td><td>万</td><td>千</td><td>百</td><td>十</td><td>元</td><td>角</td><td>分</td></tr>
<tr><td></td><td></td><td>¥</td><td>2</td><td>0</td><td>0</td><td>0</td><td>0</td><td>0</td><td>0</td><td>0</td></tr>
<tr><td colspan="3" rowspan="2">南通市工行青年路支行 20#3.12.27 业务章 (04)
汇出行签章</td><td>支付密码</td><td colspan="12">#### #### #### ####</td></tr>
<tr><td colspan="13">附加信息及用途：
货款
复核　　记账</td></tr>
</table>

此联是汇出行给汇款人的回单

经济业务（65），见表7.110和表7.111。

表 7.110

江苏省地方税务局统用机打发票

发票联

发票代码：1234567890#03

开票日期：20#3年12月28日　　行业分类：保险业　　发票号码：12345#3

保险单位：会计基本技能训练注册公司

承保险种：一般机动车辆保险

保险费金额：（大写）人民币叁万陆仟元整

（小写）￥36 000.00

附注：

保险公司名称：××财产保险南通分公司　　复核：　　经手人：

保险公司（签章）：　　地址：　　电　话：

表 7.111

中国工商银行 转账支票存根 1020##20 ######15 附加信息 出票日期 20#3 年 12 月 28 日 收款人：××财产保险南通分公司 金　额：￥36 000.00 用　途：车辆保险 单位主管　　会计	本支票付款期限十天	中国工商银行转账支票　1020##20 ######15 出票日期(大写) 贰零某叁年壹拾贰月贰拾捌日　付款行名称：南通市工行青年路支行 收款人：××财产保险南通分公司　出票人账号：622##1234567890 人民币(大写) 叁万陆仟元整　千 百 十 万 千 百 十 元 角 分：¥ 3 6 0 0 0 0 0 用途 车辆保险　#### #### #### #### 上列款项请从我账户内支付 出票人签章　　复核　　记账

经济业务（66），见表7.112～表7.114。

表 7.112

3200###130　　　　江苏增值税专用发票　　　　№ ######22

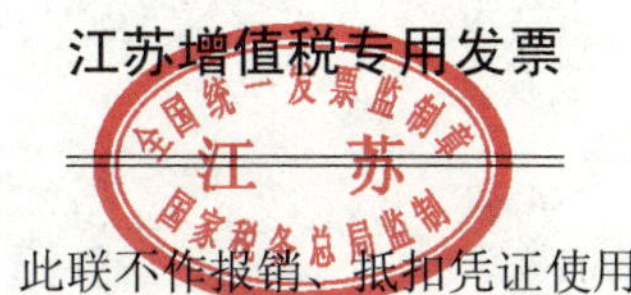

此联不作报销、抵扣凭证使用　　　　开票日期：20#3年12月28日

购买方	名　　称：南通通农有限责任公司 纳税人识别号：91320601888888805X 地 址、电 话：×××× 开户行及账号：××××				密码区	/56+75>+79*86967/987< 加密版本：01 786><7078976<+*8->876 75786544775 <++*9897*5<76+?98575- 089557783		
货物或应税劳务、服务名称	规格型号	单位	数量	单价	金　额	税率	税　额	
幻彩纸		箱	200	1 000	400 000.00	16%	64 000.00	
合　计					¥400 000.00		¥64 000.00	
价税合计（大写）	⊗肆拾陆万肆仟元整					（小写）¥464 000.00		
销售方	名　　称：会计基本技能训练注册公司 纳税人识别号：91320601888888888X 地 址、电 话：南通市青年路##号0513-123456##6 开户行及账号：南通市工行青年路支行622##1234567890				备注	会计基本技能训练注册公司 91320601888888888X 发票专用章		

收款人：　　复核：　　开票人：张伟　　销售方：（章）

第一联：记账联　销售方记账凭证

表 7.113

出　库　单

仓库：产品库　　　　20#3年12月28日　　　　提货单位：南通通农有限责任公司

名　称	单位	数量	单　价	金　额
幻彩纸	箱	200		

负责人：郭三　　　　经手人：张涛

表 7.114

工商银行（南通分行）记账回执 AA

接受机构：326#06　回单编号：130003#09　回单类型：××××　状　态：允许打印
业务名称：××××　业务种类：××××　业务编号：

付款人账号：####　付款人地址：
付款人名称：南通通农有限责任公司

收款人账号：622##1234567890　收款人地址：
收款人名称：会计基本技能训练注册公司

货币、金额：CNY464 000.00
金额（大写）：人民币肆拾陆万肆仟元整

附　言：货款
摘　要：
票据日期：20#31228　票据号码：123456#9
交易代码：1234#3　借贷标志：　复合柜员：　销账编号：
入账日期：20#31228　会计流水：　记账柜员：　记账机构：
打印日期：20#31228　打印机构：　打印柜员：　打印次数：1

南通市工行青年路支行 20#3.12.28 会计业务章 (02)

（银行盖章）

注：此记账回执加盖我行业务公章后方有效。

经济业务（67），见表7.115和表7.116。

表 7.115

3200###320　**江苏增值税普通发票**　№ ######23

全国统一发票监制章 江苏 国家税务总局监制

发　票　联　　开票日期：20#3年12月29日

购买方	名　称：会计基本技能训练注册公司 纳税人识别号：913206018888888888X 地 址、电 话：南通市青年路##号0513-123456##6 开户行及账号：南通市工行青年路支行622##1234567890	密码区	/56+75>+79*86967/987<　加密版本：01 786><7078976<+*8->876　75786544775 <++*9897*5<76+?98575-　089557783			
货物或应税劳务、服务名称	规格型号	单位	数量	单　价	金　额	税　额
××专有技术			1	88 000.00	88 000.00	0
合　计					¥88 000.00	0
价税合计（大写）	⊗捌万捌仟元整				（小写）¥88 000.00	
销售方	名　称：南通××研究所 纳税人识别号：91320881234567820X 地 址、电 话：×××× 开户行及账号：××××	备注	南通××研究所 91320881234567820X 发票专用章			

收款人：　复核：　开票人：徐雪艳　销售方：（章）

第二联：发票联　购买方记账凭证

表 7.116

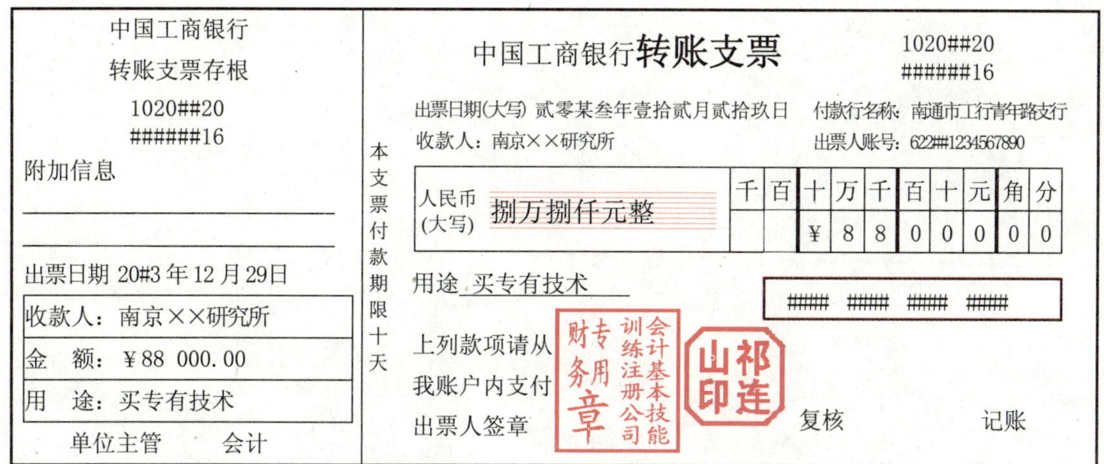

中国工商银行 转账支票存根 1020##20 ######16	中国工商银行**转账支票**　　1020##20 ######16
附加信息	本支票付款期限十天
出票日期 20#3 年 12 月 29日	出票日期(大写) 贰零某叁年壹拾贰月贰拾玖日　付款行名称：南通市工行青年路支行
收款人：南京××研究所	收款人：南京××研究所　出票人账号：622##1234567890
金　额：¥88 000.00	人民币(大写) 捌万捌仟元整　¥ 8 8 0 0 0 0 0
用　途：买专有技术	用途 买专有技术　#### #### #### ####
单位主管　　会计	上列款项请从我账户内支付 出票人签章　会计基本技能训练注册公司财务专用章　祁连山印　复核　记账

经济业务（68），见表7.117～表7.119。

表 7.117

3200###130　　**江苏增值税专用发票**　　No ######24

抵扣联　　开票日期：20#3年12月29日

购买方	名称：会计基本技能训练注册公司 纳税人识别号：91320601888888888X 地址、电话：南通市青年路##号0513-123456## 开户行及账号：南通市工行青年路支行622##1234567890				密码区	/56+75>+79*86967/987<　加密版本：01 786><7078976<+*8->876　75786544775 <++*9897*5<76+?98575-　089557783		
货物或应税劳务、服务名称	规格型号	单位	数量	单价		金　额	税率	税　额
聚苯乙烯		kg	900	300		270 000.00	16%	43 200.00
合　计						¥270 000.00		¥43 200.00
价税合计（大写）	⊗叁拾壹万叁仟贰佰元整					（小写）¥313 200.00		
销售方	名称：江苏超楚有限责任公司 纳税人识别号：91320881234567809X 地址、电话：×××× 开户行及账号：××××				备注			

收款人：　　复核：　　开票人：李七　　销售方：（章）

第二联：抵扣联　购买方扣税凭证

表 7.118

3200###130　　江苏增值税专用发票　　№ ######24

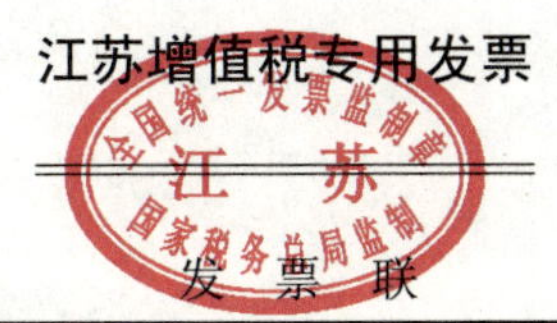

发票联

开票日期：20#3年12月29日

购买方	名　称：会计基本技能训练注册公司 纳税人识别号：91320601888888888X 地 址、电 话：南通市青年路##号0513-123456## 开户行及账号：南通市工行青年路支行622##1234567890				密码区	/56+75>+79*86967/987<　加密版本：01 786><7078976<+*8->876　75786544775 <++*9897*5<76+?98575-　089557783		
货物或应税劳务、服务名称	规格型号	单位	数量	单价	金　额	税率	税　额	
聚苯乙烯		kg	1 000	300	300 000.00	16%	48 000.00	
合　计					¥300 000.00		¥48 000.00	
价税合计（大写）	⊗叁拾肆万捌仟元整					（小写）¥348 000.00		
销售方	名　称：江苏超楚有限责任公司 纳税人识别号：91320881234567809X 地 址、电 话：×××× 开户行及账号：××××				备注	江苏超楚有限责任公司 91320881234567809X 发票专用章		

收款人：　　复核：　　开票人：李七　　销售方：（章）

第三联：发票联　购买方记账凭证

表 7.119

出 库 单

仓库：材料库　　20#3年12月29日　　供货单位：江苏超楚有限责任公司

名　称	单位	数量	单价	金　额
聚苯乙烯	千克	100	¥300	¥30 000.00

负责人：郭 三　　经手人：张 涛

经济业务（69），见表7.120和表7.121。

表 7.120

南通市非税收入一般缴款书

接受单位代码：012#03　　　　苏财准印（20#0）03#-001号

接受单位名称：南通市××教育中心　　　　收款日期20#3年12月30日

缴款人	全　称	会计基本技能训练注册公司	收款人	全　称	南通市××财政局	流水号	195#4
	账　号	622##1234567890		账　号	47155822768#		
	开户银行	南通市工行青年路支行		开户银行	中行××支行		
代理银行网点代码		1#3	开票方式	电脑票	缴款方式	转账	

项目执行代码	收费项目名称	单位	标准	数量	金额（小写）	
0023#7	代收会计继续教育费用			#	￥900.00	复核 记账 开户行 签　章
合计人民币（大写）玖佰元整					￥900.00	
备注：						

执收单位（盖章）：　　　　经办人：

表 7.121

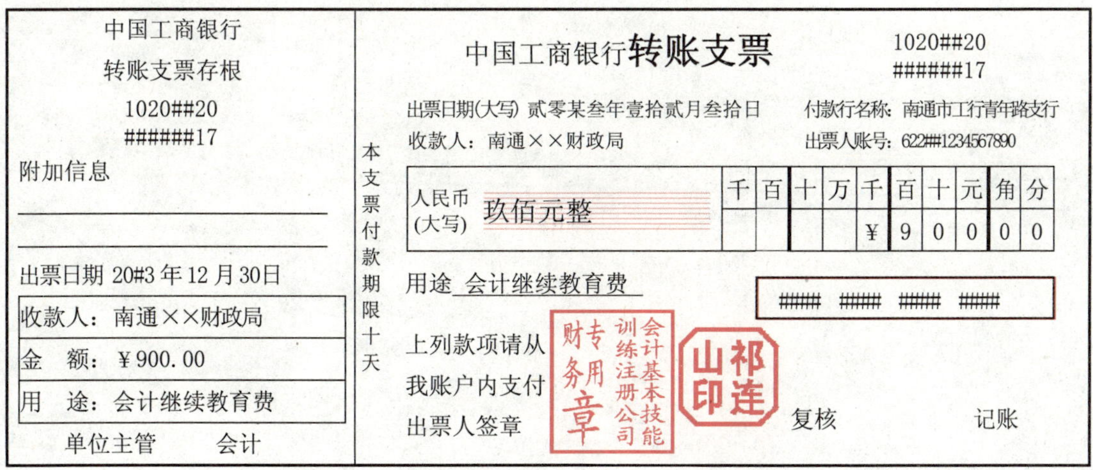

中国工商银行 转账支票存根 1020##20 ######17	中国工商银行**转账支票**　1020##20 ######17
附加信息	出票日期(大写) 贰零某叁年壹拾贰月叁拾日　付款行名称：南通市工行青年路支行
出票日期 20#3 年 12 月 30 日	收款人：南通××财政局　出票人账号：622##1234567890
收款人：南通××财政局	本支票付款期限十天　人民币(大写) 玖佰元整　千 百 十 万 千 百 十 元 角 分：￥ 9 0 0 0 0
金　额：￥900.00	用途 会计继续教育费　#### #### #### ####
用　途：会计继续教育费	上列款项请从我账户内支付　出票人签章　复核　记账
单位主管　　会计	

经济业务（70），见表7.122～表7.125。

表　7.122

3200###130　　　　**江苏增值税专用发票**　　　　№ ######25

抵　扣　联

开票日期：20#3年12月30日

购买方	名　　称：会计基本技能训练注册公司 纳税人识别号：91320601888888888X 地 址、电 话：南通市青年路##号0513-123456## 开户行及账号：南通市工行青年路支行622##1234567890	密码区	/56+75>+79*86967/987< 加密版本：01 786><7078976<+*8->876 75786544775 <++*9897*5<76+?98575- 089557783

货物或应税劳务、服务名称	规格型号	单位	数量	单价	金　额	税率	税　额
水费		吨	3 600	2.50	9 000.00	10%	900.00
合　计					¥9 000.00		¥900.00
价税合计（大写）	⊗玖仟玖佰元整						（小写）¥9 900.00

销售方	名　　称：南通市××水务局 纳税人识别号：91320881234567821X 地 址、电 话：×××× 开户行及账号：××××	备注	南通市××水务局 91320881234567821X 发票专用章

收款人：　　　　复核：　　　　开票人：褚丹阳　　　　销售方：（章）

第二联：抵扣联　购买方扣税凭证

表　7.123

3200###130　　　　**江苏增值税专用发票**　　　　№ ######25

发　票　联

开票日期：20#3年12月30日

购买方	名　　称：会计基本技能训练注册公司 纳税人识别号：91320601888888888X 地 址、电 话：南通市青年路##号0513-123456## 开户行及账号：南通市工行青年路支行622##1234567890	密码区	/56+75>+79*86967/987< 加密版本：01 786><7078976<+*8->876 75786544775 <++*9897*5<76+?98575- 089557783

货物或应税劳务、服务名称	规格型号	单位	数量	单价	金　额	税率	税　额
水费		吨	3 600	2.50	9 000.00	10%	900.00
合　计					¥9 000.00		¥ 900.00
价税合计（大写）	⊗玖仟玖佰元整						（小写）¥9 900.00

销售方	名　　称：南通市××水务局 纳税人识别号：91320881234567821X 地 址、电 话：×××× 开户行及账号：××××	备注	南通市××水务局 91320881234567821X 发票专用章

收款人：　　　　复核：　　　　开票人：褚丹阳　　　　销售方：（章）

第三联：发票联　购买方记账凭证

表 7.124

水费分配单

20#3年12月30日

部　门	使用数量	分配率	分配金额
管理部门	300	2.5	¥750.00
生产部门	3 300	2.5	¥8 250.00
合　计	3 600	—	¥9 000.00

制表人：　　　　　　　　　　　　　　复核人：

表 7.125

同城特约
委托收款凭证（付款通知）

委托日期：20#3年12月30日

<table>
<tr><td rowspan="3">付款人</td><td>全　称</td><td>会计基本技能训练注册公司</td><td rowspan="3">收款人</td><td>全　称</td><td colspan="9">南通市××水务局</td></tr>
<tr><td>账　号</td><td>622##1234567890</td><td>账　号</td><td colspan="9">####</td></tr>
<tr><td>开户行</td><td>南通市工行青年路支行</td><td>开户行</td><td colspan="9">××××</td></tr>
<tr><td rowspan="2">委托金额</td><td colspan="4" rowspan="2">人民币（大写）人民币玖仟玖佰元整</td><td>百</td><td>十</td><td>万</td><td>千</td><td>百</td><td>十</td><td>元</td><td>角</td><td>分</td></tr>
<tr><td></td><td></td><td>¥</td><td>9</td><td>9</td><td>0</td><td>0</td><td>0</td><td>0</td></tr>
<tr><td colspan="2">托收代码</td><td>124#</td><td>委托收款合同号</td><td>12345679#</td><td colspan="3">附寄单证张数</td><td colspan="6"></td></tr>
<tr><td colspan="4">备注：</td><td colspan="11">付款人开户银行盖章
南通市工行青年路支行 业务处理中心 20#3.12.30 核算用章(08)</td></tr>
</table>

经济业务（71），见表7.126～表7.129。

表 7.126

3200###130　　　　**江苏增值税专用发票**　　　　№ ######26

抵　扣　联　　　　开票日期：20#3年12月30日

购买方	名　　称：会计基本技能训练注册公司 纳税人识别号：91320601888888888X 地 址、电 话：南通市青年路##号0513-123456## 开户行及账号：南通市工行青年路支行622##1234567890	密码区	/56+75>+79*86967/987<　加密版本：01 786><7078976<+*8->876　75786544775 <++*9897*5<76+?98575-　089557783

货物或应税劳务、服务名称	规格型号	单位	数量	单价	金额	税率	税额
电费		度	31 000	1.00	31 000.00	16%	4 960.00
合　计					¥31 000.00		¥4 960.00
价税合计（大写）	⊗叁万伍仟玖佰陆拾元整						（小写）¥35 960.00

销售方	名　　称：南通市××电业局 纳税人识别号：91320881234567822X 地 址、电 话：×××× 开户行及账号：××××	备注	南通市××电业局 91320881234567822X 发票专用章

收款人：　　　　复核：　　　　开票人：王天一　　　　销售方：（章）

第二联：抵扣联　购买方扣税凭证

表　7.127

3200###130　　　　**江苏增值税专用发票**　　　　№ ######26

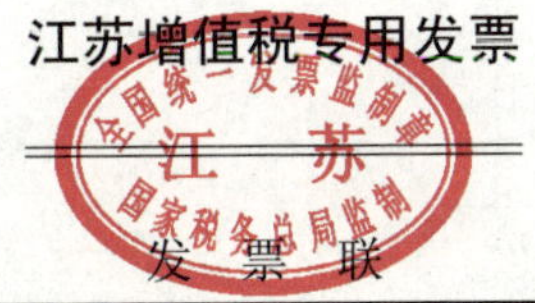

发　票　联　　　　开票日期：20#3年12月30日

购买方	名　　称：会计基本技能训练注册公司 纳税人识别号：91320601888888888X 地 址、电 话：南通市青年路##号0513-123456## 开户行及账号：南通市工行青年路支行622##1234567890	密码区	/56+75>+79*86967/987<　加密版本：01 786><7078976<+*8->876　75786544775 <++*9897*5<76+?98575-　089557783

货物或应税劳务、服务名称	规格型号	单位	数量	单价	金额	税率	税额
电费		度	31 000	1.00	31 000.00	16%	4 960.00
合　计					¥31 000.00		¥4 960.00
价税合计（大写）	⊗叁万伍仟玖佰陆拾元整						（小写）¥35 960.00

销售方	名　　称：南通市××电业局 纳税人识别号：91320881234567822X 地 址、电 话：×××× 开户行及账号：××××	备注	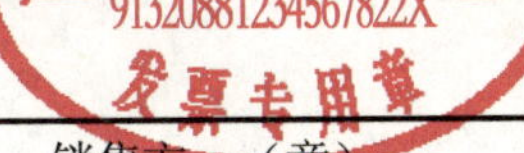

收款人：　　　　复核：　　　　开票人：王天一　　　　销售方：（章）

第三联：发票联　购买方记账凭证

表 7.128

电费分配单

20#3年12月30日

部　门	使用数量	分配率	分配金额
管理部门	3 000	1	¥3 000.00
生产部门	28 000	1	¥28 000.00
合　计	31 000	—	¥31 000.00

制表人：　　　　　　　　　　　　　　　　复核人：

表 7.129

同城特约
委托收款凭证（付款通知）

委托日期：20#3年12月30日

<table>
<tr><td rowspan="3">付款人</td><td>全　称</td><td>会计基本技能训练注册公司</td><td rowspan="3">收款人</td><td>全　称</td><td colspan="9">南通市××电业局</td></tr>
<tr><td>账　号</td><td>622##1234567890</td><td>账　号</td><td colspan="9">××××</td></tr>
<tr><td>开户行</td><td>南通市工行青年路支行</td><td>开户行</td><td colspan="9">××××</td></tr>
<tr><td rowspan="2">委托金额</td><td colspan="4" rowspan="2">人民币（大写）叁万伍仟玖佰陆拾元整</td><td>百</td><td>十</td><td>万</td><td>千</td><td>百</td><td>十</td><td>元</td><td>角</td><td>分</td></tr>
<tr><td></td><td>¥</td><td>3</td><td>5</td><td>9</td><td>6</td><td>0</td><td>0</td><td>0</td></tr>
<tr><td colspan="2">托收代码</td><td>125#</td><td>委托收款合同号</td><td>12345670#</td><td colspan="4">附寄单证张数</td><td colspan="5"></td></tr>
<tr><td colspan="4">备注：</td><td colspan="10">付款人开户银行盖章
南通市工行青年路支行 业务处理中心 20#3.12.30 转讫 业务用章(08)</td></tr>
</table>

经济业务（72），见表7.130。

表 7.130

存货盘点表

单位名称（章）：会计基本技能训练注册公司　　　　　　　　单位负责人：

<table>
<tr><td rowspan="2">序号</td><td rowspan="2">资产名称</td><td rowspan="2">购入时间</td><td rowspan="2">使用地点</td><td rowspan="2">账面数量</td><td rowspan="2">盘点数量</td><td colspan="2">盘　亏</td></tr>
<tr><td>数量</td><td>金额</td></tr>
<tr><td>1</td><td>××工具</td><td>###</td><td>×××</td><td>27</td><td>26</td><td>1</td><td>¥1 300</td></tr>
<tr><td></td><td></td><td></td><td></td><td></td><td></td><td></td><td></td></tr>
<tr><td></td><td></td><td></td><td></td><td></td><td></td><td></td><td></td></tr>
<tr><td colspan="2" rowspan="2">差异原因</td><td>说明</td><td colspan="5">系保管员王小三保管不善丢失</td></tr>
<tr><td>处理</td><td colspan="5">由王小三赔偿300元，剩下的计入管理费用</td></tr>
</table>

盘点人：　　　　　　　　监盘人：　　　　　　　　盘点日期：20#3年12月30日

经济业务（73），见表7.131。

表 7.131

存货盘点表

单位名称（章）：　　　　　　　　　　　　　　　　　单位负责人：×××

序号	资产名称	购入时间	使用地点	账面数量	盘点数量	盘盈	
						数量	金额
1	热收缩膜	###	×××	###	###	1	￥220
差异原因		说明	系收发计量差错				
		处理	冲减管理费用				

盘点人：×××　　　　　　　　监盘人：×××　　　　　　　　盘点日期：20#3年12月30日

经济业务（74），见表7.132。

表 7.132

费用报销凭证

20#3年12月30日

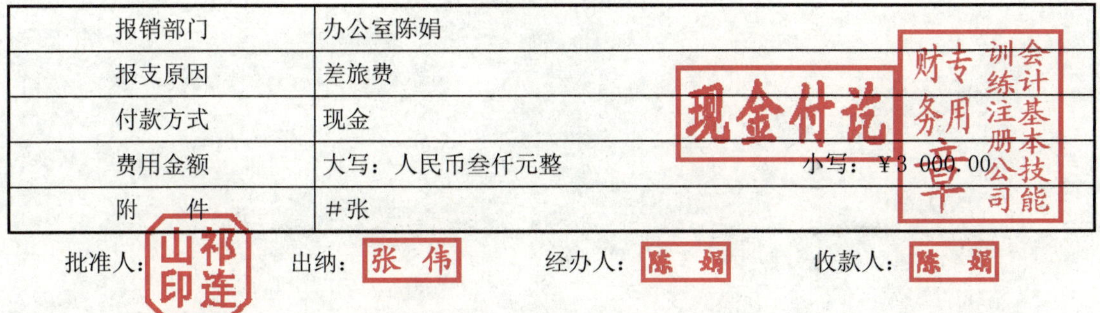

报销部门	办公室陈娟
报支原因	差旅费
付款方式	现金
费用金额	大写：人民币叁仟元整　　　　小写：￥3 000.00
附　　件	#张

批准人：祁连山印　　出纳：张伟　　经办人：陈娟　　收款人：陈娟

经济业务（75），见表7.133。

表 7.133

费用报销凭证

20#3年12月30日

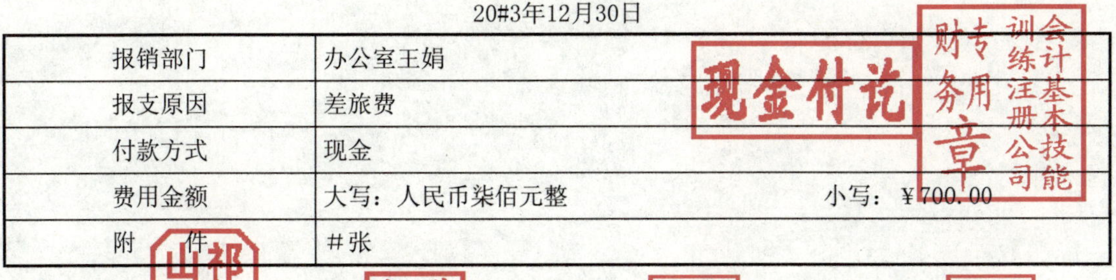

报销部门	办公室王娟
报支原因	差旅费
付款方式	现金
费用金额	大写：人民币柒佰元整　　　　小写：￥700.00
附　　件	#张

批准人：祁连山印　　出纳：张伟　　经办人：王娟　　收款人：王娟

经济业务（76），见表7.134。

表 7.134

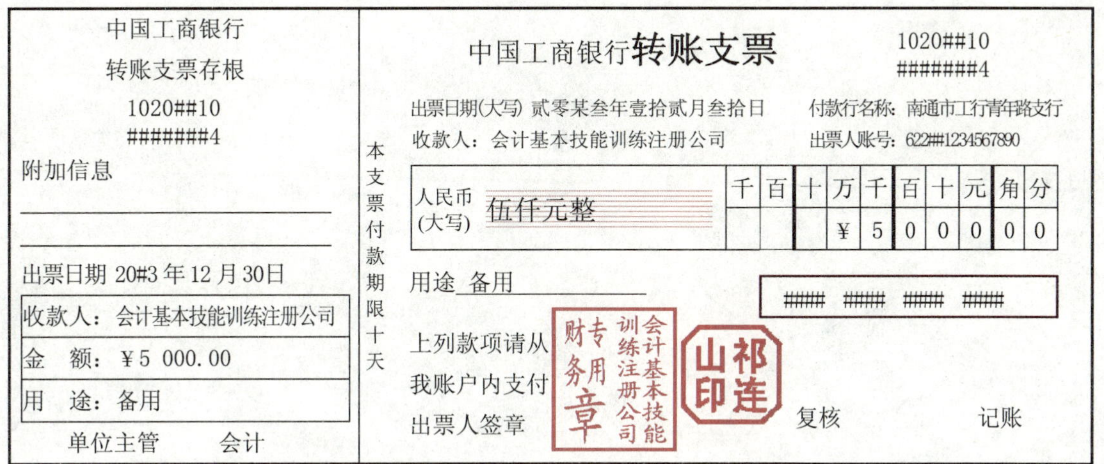

中国工商银行 转账支票存根 1020##10 ########4	中国工商银行**转账支票** 1020##10 ########4
附加信息	出票日期(大写) 贰零某叁年壹拾贰月叁拾日 付款行名称：南通市工行青年路支行
出票日期 20#3 年 12 月 30日	收款人：会计基本技能训练注册公司 出票人账号：622##1234567890
收款人：会计基本技能训练注册公司	人民币(大写) 伍仟元整 ￥5 000.00
金　额：￥5 000.00	用途 备用
用　途：备用	本支票付款期限十天 上列款项请从我账户内支付 出票人签章 复核 记账
单位主管　　会计	

经济业务（77），见表7.135。

表 7.135

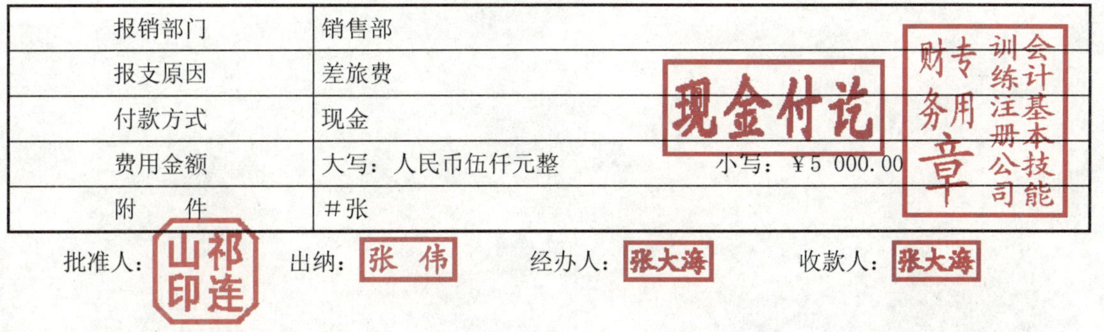

费用报销凭证

20#3年12月30日

报销部门	销售部
报支原因	差旅费
付款方式	现金
费用金额	大写：人民币伍仟元整　　小写：￥5 000.00
附　　件	#张

批准人：　出纳：张伟　经办人：张大海　收款人：张大海

经济业务（78），见表7.136。

表 7.136

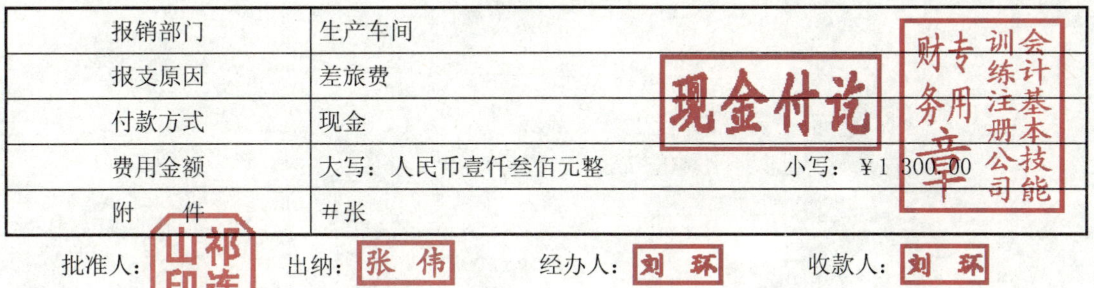

费用报销凭证

20#3年12月30日

报销部门	生产车间
报支原因	差旅费
付款方式	现金
费用金额	大写：人民币壹仟叁佰元整　　小写：￥1 300.00
附　　件	#张

批准人：　出纳：张伟　经办人：刘环　收款人：刘环

经济业务（79），见表7.137和表7.138。

表 7.137

3200###320　　　　江苏增值税普通发票　　　　№ ######27

发 票 联　　　　开票日期：20#3年12月30日

购买方	名　　称：会计基本技能训练注册公司 纳税人识别号：91320601888888888X 地 址、电 话：南通市青年路##号0513-123456##6 开户行及账号：南通市工行青年路支行622##1234567890				密码区	/56+75>+79*86967/987<　加密版本：01 786><7078976<+*8->876　75786544775 <++*9897*5<76+?98575-　089557783		
货物或应税劳务、服务名称	规格型号	单位	数量	单价	金　额	税率	税　额	
食用油					6 796.12	3%	203.88	
合　计					¥6 796.12		¥203.88	
价税合计（大写）	⊗柒仟元整					（小写）¥7 000.00		
销售方	名　　称：南通市××超市 纳税人识别号：91320881234567823X 地 址、电 话：×××× 开户行及账号：××××				备注	南通市××超市 91320881234567823X 发票专用章		

收款人：　　复核：　　开票人：王丽　　销售方：（章）

第二联：发票联　购买方记账凭证

表 7.138

中国工商银行转账支票存根

1020##20
######18

附加信息

出票日期 20#3 年 12 月 30日

收款人：南通市××超市

金　额：¥7 000.00

用　途：食用油

单位主管　　会计

中国工商银行转账支票　　1020##20　######18

出票日期(大写) 贰零某叁年壹拾贰月叁拾日　　付款行名称：南通市工行青年路支行

收款人：南通市××超市　　出票人账号：622##1234567890

本支票付款期限十天

人民币(大写)	千	百	十	万	千	百	十	元	角	分
柒仟元整				¥	7	0	0	0	0	0

用途 食用油　　#### #### #### ####

上列款项请从我账户内支付
出票人签章　会计基本技能训练注册公司财务专用章　祁连山印　　复核　　记账

经济业务（80），见表7.139。

表　7.139

费用报销凭证

20#3年12月30日

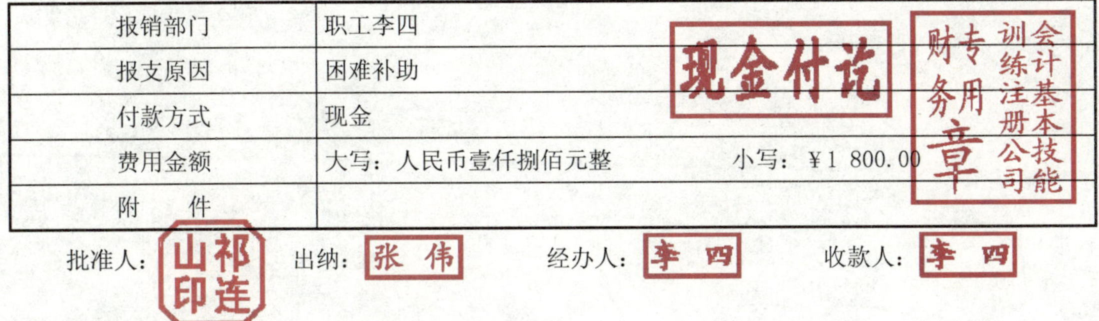

报销部门	职工李四
报支原因	困难补助
付款方式	现金
费用金额	大写：人民币壹仟捌佰元整　　小写：￥1 800.00
附　　件	

批准人：祁连山印　出纳：张伟　经办人：李四　收款人：李四

经济业务（81），见表7.140。

表　7.140

费用分摊表

序号	项　　目		金　　额	金额合计
1	制造费用	南通××物业服务公司	￥40 000.00	￥55 000.00
2		嘉华租赁公司	￥15 000.00	
3	管理费用	南通××邮政局	￥300.00	￥17 300.00
4		××财产保险南通分公司	￥3 000.00	
5		A财产保险公司	￥14 000.00	
合　　计				￥72 300.00

制表人：　　　　　　　　　　　　复核人：

经济业务（82），见表7.141。

表　7.141

短期借款利息计提表

借款日期	本　金	年利率	月利率	月利息
×××	￥300 000.00	8.4%	0.7%	￥2 100.00

制表人：　　　　　　　　　　　　复核人：

经济业务（83），见表7.142。

表　7.142

固定资产折旧计算表

序号	项　　目	折 旧 金 额
1	管理用固定资产	￥5 400
2	车间用固定资产	￥17 000

制表人：　　　　　　　　　　　　复核人：

经济业务（84），见表7.143。

表 7.143

发料凭证汇总简表

材料名称 产品名称	聚氯乙烯树脂	聚丙烯	聚苯乙烯	热收缩膜	合 计
皮纹纸	###	###	###	###	￥170 000.00
玻璃卡纸	###	###	###	###	￥520 000.00
莱尼纹纸	###	###	###	###	￥650 000.00
幻彩纸	###	###	###	###	￥300 000.00
合 计	￥490 000.00	￥340 000.00	￥460 000.00	￥350 000.00	###

制表人： 复核人：

经济业务（85），见表7.144。

表 7.144

周转材料领用简表

领用部门	材料名称	数量	单价	金 额	领用人签字	领用日期
生产车间	生产工具	###	###	￥3 000	×××	×××
销售部门	工作服	###	###	￥800	×××	×××
财务部门	办公用品	###	###	￥200	×××	×××
管理部门	办公用品	###	###	￥1 000	×××	×××

制表人： 复核人：

经济业务（86），见表7.145。

表 7.145

工资计算表

员工姓名	生 产 工 人				车间管理人员	销售部门	管理部门	合 计
	皮纹纸	玻璃卡纸	莱尼纹纸	幻彩纸				
×××	###							###
×××	……							……
×××		###						###
×××		……						……
×××			###					###
×××			……					……
×××				###				###
×××				……				……
×××					###			###
×××					……			……
×××						###		###
×××						……		……
×××							###	###
×××							……	……
合 计	￥96 000	￥55 000	￥85 000	￥85 000	￥34 000	￥120 000	￥65 000	￥540 000

制表人： 复核人：

经济业务（87），见表7.146。

表 7.146

薪资其他费用计算表

成本（¥）		养老（¥）		医疗（¥）		失业（¥）		公积金（¥）		个人所得税（¥）	福利费（¥）
项 目	缴纳基数	单位	个人	单位	个人	单位	个人	单位	个人		
管理部门	65 000	13 000	5 200	5 200	1 303	1 300	650	6 500	6 500	500	9 100
销售部门	120 000	24 000	9 600	9 600	2 403	2 400	1 200	12 000	12 000	400	16 800
车间管理	34 000	6 800	2 720	2 720	683	680	340	3 400	3 400	10	4 760
皮纹纸	96 000	19 200	7 680	7 680	1 923	1 920	960	9 600	9 600	20	13 440
玻璃卡纸	55 000	11 000	4 400	4 400	1 103	1 100	550	5 500	5 500	40	7 700
莱尼纹纸	85 000	17 000	6 800	6 800	1 703	1 700	850	8 500	8 500	50	11 900
幻彩纸	85 000	17 000	6 800	6 800	1 703	1 700	850	8 500	8 500	50	11 900
单位缴纳汇总		108 000		43 200		10 800		54 000			
个人缴纳汇总			43 200		10 821		5 400		54 000		
个税、福利费汇总（¥）										1 070	75 600

经济业务（88），见表7.147和表7.148。

表 7.147

工商银行（南通分行）记账回执 AA

接受机构：326#06　　回单编号：133003#10　　回单类型：××××　状　　态：允许打印

业务名称：××××　　业务种类：××××　业务编号：

付款人账号：622##1234567890　　付款人地址：

付款人名称：会计基本技能训练注册公司

收款人账号：######　　收款人地址：

收款人名称：×××

货币、金额：CNY425 509.00

金额（大写）：人民币肆拾贰万伍仟伍佰零玖元整

附　　言：发放工资

摘　　要：

票据日期：20#31231　　票据号码：12345#10

交易代码：1234#3　　借贷标志：　　复合柜员：　　销账编号：

入账日期：20#31231　　会计流水：　　记账柜员：　　记账机构：

打印日期：20#31231　　打印机构：　　打印柜员：　　打印次数：1

南通市工行青年路支行 20#3.12.31 会计业务章 (02)

（银行盖章）

注：此记账回执加盖我行业务公章后方有效。

表 7.148

工商银行（南通分行）记账回执 AA

接受机构：326#06 回单编号：133003#11 回单类型：网银系统 状 态：允许打印
业务名称：小额支付手续费 业务种类：×××× 业务编号：

付款人账号：622##1234567890 付款人地址：
付款人名称：会计基本技能训练注册公司

收款人账号：#### 收款人地址：
收款人名称：××××

货币、金额：CNY150.00
金额（大写）：人民币壹佰伍拾元整

附 言：
摘 要：小额支付手续费（123456#7）
票据日期：20#31231 票据号码：12345#11
交易代码：1234#3 借贷标志： 复合柜员： 销账编号：
入账日期：20#31231 会计流水： 记账柜员： 记账机构：
打印日期：20#31231 打印机构： 打印柜员： 打印次数：1

南通市工行青年路支行 20#3.12.31 会计业务章 (02)

（银行盖章）

注：此记账回执加盖我行业务公章后方有效。

经济业务（89），见表7.149。

表 7.149

制造费用分配表

产品名称	分配标准	分配率	分配金额
皮纹纸	####	####	¥51 551.72
玻璃卡纸	####	####	¥44 000.00
莱尼纹纸	####	####	¥42 000.00
幻彩纸	####	####	¥34 210.00
合 计	####	####	¥171 761.72

制表人： 复核人：

经济业务（90），见表7.150。

表 7.150

完工产品成本计算简表

产品及数量 \ 成本费用		原材料（¥）	工资（¥）	福利费（¥）	各项保险（¥）	制造费用分配转入（¥）	合计（¥）
皮纹纸	700箱	170 000	96 000	13 440	38 400	51 551.72	369 391.72
玻璃卡纸	1 000箱	520 000	55 000	7 700	22 000	44 000	648 700
莱尼纹纸	1 200箱	650 000	85 000	11 900	34 000	42 000	822 900
幻彩纸	400箱	300 000	85 000	11 900	34 000	34 210	465 110
合 计		1 640 000	321 000	44 940	128 400	171 761.72	2 306 101.72

经济业务（91），见表7.151。

表 7.151

销售成本计算简表

成本计算＼产品名称	皮纹纸	玻璃卡纸	莱尼纹纸	幻彩纸	合　计
本期销售数量	—	—	—	—	—
期初平均单价	—	—	—	—	—
当期销售成本	￥385 000	￥650 000	￥816 000	￥458 550	￥2 309 550

制表人：　　　　　　　　　　　　　　　　复核人：

经济业务（96），董事会决议书如下。

董事会决议书

1. 会议基本情况：

时　　间：××××

地　　点：××××

会议性质：临时

2. 会议通知情况及董事到会情况：

会议通知的时间：××××

方式：××××

董事实际到会情况：××××

3. 会议主持情况：由董事长主持

4. 议案表决情况：按全年税后利润的10%计提法定盈余公积，并向投资者分配现金利润500 000元。

董事会的具体表决结果，持赞同意见的董事数占董事总数的比例：××××。

5. 签署：××××

会计基本技能训练注册公司

20#3年12月30日

5. 编制资产负债表和利润表

请完成表7.152所示的资产负债表和表7.153所示的利润表。

表 7.152

资产负债表（简表）

年　月　日

编制单位：　　　　　　　　　　　　　　　　　　单位：

资　　产	年初数	期末数	负债和所有者权益	年初数	期末数
流动资产：			流动负债：		
货币资金			短期借款		
交易性金融资产			交易性金融负债		
应收票据			应付票据		

续表

资　产	年初数	期末数	负债和所有者权益	年初数	期末数
应收账款			应付账款		
预付账款			预收账款		
应收利息			应付职工薪酬		
应收股利			应交税费		
其他应收款			应付利息		
存货			应付利润		
其他流动资产			其他应付款		
流动资产合计			一年内到期的非流动负债		
非流动资产：			其他流动负债		
可供出售金融资产			流动负债合计		
长期股权投资			非流动负债：		
固定资产			长期借款		
减：累计折旧			应付债券		
固定资产净值			长期应付款		
在建工程			非流动负债合计		
工程物资			负债合计		
固定资产清理			所有者权益：		
无形资产			实收资本		
开发支出			资本公积		
长期待摊费用			盈余公积		
其他非流动资产			未分配利润		
非流动资产合计			所有者权益合计		
资产总计			负债和所有者权益总计		

表　7.153

利润表（简表）

年　月　日

编制单位：　　　　　　　　　　　　　　　　　　　　　　　　单位：

项　　目	行次	本月数	本年累计数
一、营业收入	1		略
减：营业成本	2		
税金及附加	3		
销售费用	4		
管理费用	5		
财务费用	6		
二、营业利润（亏损以“—”号填列）	7		
加：投资收益（亏损以“—”号填列）	8		
加：营业外收入	9		
减：营业外支出	10		
三、利润总额（亏损总额以“—”号填列）	11		
减：所得税费用	12		
四、净利润（净亏损以“—”号填列）	13		

6. 参考答案

（1）填凭证（首要环节，见表7.154）。

表 7.154

单位：元

序号	会计分录		
1	借：销售费用	3 300.00	
	贷：库存现金		300.00
	其他应收款——王会		3 000.00
2	借：银行存款	300 000.00	
	贷：短期借款		300 000.00
3	借：库存现金	6 000.00	
	贷：银行存款		6 000.00
4	借：原材料——聚氯乙烯树脂	100 000.00	
	应交税费——应交增值税（进项税额）	16 000.00	
	贷：应付账款——弘阳公司		116 000.00
5	借：管理费用	1 000.00	
	贷：库存现金		1 000.00
6	借：银行存款	234 000.00	
	贷：应收账款——百兴公司		234 000.00
7	借：原材料——聚丙烯	120 000.00	
	贷：在途物资——聚丙烯		120 000.00
8	借：在建工程——仓库	150 000.00	
	贷：银行存款		150 000.00
9	借：应收账款——帝奥公司	348 000.00	
	贷：主营业务收入——皮纹纸		300 000.00
	应交税费——应交增值税（销项税额）		48 000.00
10	借：预付账款——嘉华租赁公司	25 862.07	
	制造费用	12 931.03	
	应交税费——应交增值税（进项税额）	6 206.90	
	贷：银行存款		45 000.00
11	借：应收账款——速达公司	580 000.00	
	贷：主营业务收入——玻璃卡纸		500 000.00
	应交税费——应交增值税（销项税额）		80 000.00
12	借：库存现金	260.00	
	贷：营业外收入		260.00
13	借：制造费用	8 620.69	
	应交税费——应交增值税（进项数额）	1 379.31	
	贷：银行存款		10 000.00

续表

序号	会计分录		
14	借：其他应收款——王五	4 000.00	
	贷：库存现金		4 000.00
15	借：库存现金	4 000.00	
	贷：银行存款		4 000.00
16	借：销售费用	75 471.70	
	应交税费——应交增值税（进项税额）	4 528.30	
	贷：银行存款		80 000.00
17	借：管理费用	3 000.00	
	贷：库存现金		3 000.00
18	借：预付账款——奥菲斯公司	90 000.00	
	贷：银行存款		90 000.00
19	借：银行存款	812 000.00	
	贷：主营业务收入——莱尼纹纸		700 000.00
	应交税费——应交增值税（销项税额）		112 000.00
20	借：应交税费——未交增值税	34 000.00	
	——应交所得税	25 000.00	
	贷：银行存款		59 000.00
21	借：应交税费——应交城市维护建设税	2 380.00	
	——应交教育费附加	1 020.00	
	——应交个人所得税	8 000.00	
	贷：银行存款		11 400.00
22	借：税金及附加——印花税	400.00	
	贷：银行存款		400.00
23	借：管理费用	300.00	
	销售费用	800.00	
	制造费用	300.00	
	贷：银行存款		1 400.00
24	借：交易性金融资产	150 000.00	
	贷：其他货币资金——存出投资款		150 000.00
25	借：管理费用	3 500.00	
	库存现金	500.00	
	贷：其他应收款——王五		4 000.00
26	借：银行存款	351 000.00	
	贷：应收账款——巨晖公司		351 000.00
27	借：原材料——聚苯乙烯	300 000.00	
	应交税费——应交增值税（进项税额）	48 000.00	
	贷：应付账款——超楚公司		348 000.00

续表

序号	会计分录		
28	借：管理费用	200.00	
	贷：库存现金		200.00
29	借：其他应付款——社保费	120 000.00	
	贷：银行存款		120 000.00
30	借：其他应付款——住房公积金	70 000.00	
	贷：银行存款		70 000.00
31	借：在建工程——机床	500 000.00	
	应交税费——应交增值税（进项税额）	80 000.00	
	贷：银行存款		580 000.00
32	借：其他货币资金——银行汇票存款	200 000.00	
	财务费用——手续费	200.00	
	贷：银行存款		200 200.00
33	借：银行存款	550 000.00	
	贷：实收资本——赵华		500 000.00
	资本公积		50 000.00
34	借：应付账款——鸿升公司	351 000.00	
	贷：银行存款		351 000.00
35	借：银行存款	400 000.00	
	贷：应收票据——宝钢公司		400 000.00
36	借：银行存款	500 0000.00	
	贷：应收账款——佰特公司		500 000.00
37	借：应付账款——尚宏公司	348 000.00	
	贷：银行存款		342 000.00
	财务费用		6 000.00
38	借：在建工程——机床	3 000.00	
	应交税费——应交增值税（进项税额）	300.00	
	贷：银行存款		3 300.00
39	借：短期借款	400 000.00	
	应付利息	4 000.00	
	财务费用	2 000.00	
	贷：银行存款		406 000.00
40	借：在途物资——热收缩膜	132 000.00	
	应交税费——应交增值税（进项税额）	21 120.00	
	贷：其他货币资金——银行汇票存款		153 120.00
41	借：银行存款	344 520.00	
	财务费用	3 480.00	
	贷：应收账款——帝奥公司		348 000.00

续表

序号	会计分录		
42(1)	借：固定资产清理	30 000.00	
	累计折旧	150 000.00	
	贷：固定资产		180 000.00
42(2)	借：银行存款	7 280.00	
	贷：应交税费——应交增值税（销项税额）		140.00
	固定资产清理		7 140.00
42(3)	借：营业外支出——处置固定资产净损失	22 860.00	
	贷：固定资产清理		22 860.00
43	借：营业外支出——捐赠支出	40 000.00	
	贷：银行存款		40 000.00
44	借：销售费用	7 800.00	
	贷：银行存款		7 000.00
	库存现金		800.00
45	借：主营业务收入——玻璃卡纸	25 000.00	
	应交税费——应交增值税（销项税额）	4 000.00	
	贷：应收账款——速达公司		29 000.00
46	借：应收账款——宝蓝公司	928 000.00	
	贷：主营业务收入——皮纹纸		400 000.00
	——幻彩纸		400 000.00
	应交税费——应交增值税（销项税额）		128 000.00
47	借：银行存款	300 000.00	
	贷：预收账款——腾飞公司		300 000.00
48	借：应收票据——思泉公司	180 000.00	
	贷：应收账款——思泉公司		180 000.00
49	借：原材料——聚氯乙烯树脂	300 000.00	
	应交税费——应交增值税（进项税额）	48 000.00	
	贷：预付账款——港华公司		300 000.00
	应付账款——港华公司		48 000.00
50(1)	借：在建工程——机床	2 000.00	
	贷：银行存款		2 000.00
50(2)	借：固定资产——机床	505 000.00	
	贷：在建工程——机床		505 000.00
51	借：银行存款	46 880.00	
	贷：其他货币资金——银行汇票存款		46 880.00
52	借：销售费用	4 650.00	
	应交税费——应交增值税（进项税额）	465.00	
	贷：银行存款		5 115.00

续表

序号	会计分录		
53(1)	借：在建工程——仓库	122 727.27	
	应交税费——应交增值税（进项税额）	16 363.64	
	应交税费——应交增值税（待抵扣税额）	10 909.09	
	贷：银行存款		150 000.00
53(2)	借：固定资产——仓库	272 727.27	
	贷：在建工程——仓库		272 727.27
54	借：应付账款——众义达公司	400 000.00	
	贷：银行存款		400 000.00
55	借：库存现金	5 000.00	
	贷：银行存款		5 000.00
56	借：银行存款	700 000.00	
	贷：应收账款——红豪特公司		700 000.00
57	借：预付账款——南通××邮政局	3 600.00	
	贷：银行存款		3 600.00
58	借：银行存款	468 000.00	
	贷：应收账款——中艺公司		468 000.00
59	借：原材料——热收缩膜	132 000.00	
	贷：在途物资——热收缩膜		132 000.00
60	借：预付账款——南通××物业服务公司	109 090.91	
	应交税费——应交增值税（进项税额）	10 909.09	
	贷：银行存款		120 000.00
61	借：应收账款——通农公司	580 000.00	
	贷：主营业务收入——皮纹纸		500 000.00
	应交税费——应交增值税（销项税额）		80 000.00
62	借：预收账款——腾飞公司	580 000.00	
	贷：主营业务收入——莱尼纹纸		500 000.00
	应交税费——应交增值税（销项税额）		80 000.00
63	借：其他货币资金——存出投资款	200 000.00	
	贷：交易性金融资产		150 000.00
	投资收益		50 000.00
64	借：应付账款——昆腾公司	200 000.00	
	贷：银行存款		200 000.00
65	借：预付账款——××财产保险南通分公司	36 000.00	
	贷：银行存款		36 000.00
66	借：银行存款	464 000.00	
	贷：主营业务收入——幻彩纸		400 000.00
	应交税费——应交增值税（销项税额）		64 000.00

续表

序号	会计分录		
67	借：无形资产	88 000.00	
	贷：银行存款		88 000.00
68	借：应付账款——超楚公司	34 800.00	
	贷：原材料——聚苯乙烯		30 000.00
	应交税费——应交增值税（进项税额）		4 800.00
69	借：管理费用	900.00	
	贷：银行存款		900.00
70	借：制造费用	8 250.00	
	管理费用	750.00	
	应交税费——应交增值税（进项税额）	900.00	
	贷：银行存款		9 900.00
71	借：制造费用	28 000.00	
	管理费用	3 000.00	
	应交税费——应交增值税（进项税额）	4 960.00	
	贷：银行存款		35 960.00
72	借：管理费用	1 000.00	
	其他应收款——王小三	300.00	
	贷：周转材料——生产工具		1 300.00
73	借：原材料——热收缩膜	220.00	
	贷：管理费用		220.00
74	借：管理费用	3 000.00	
	贷：库存现金		3 000.00
75	借：管理费用	700.00	
	贷：库存现金		700.00
76	借：库存现金	5 000.00	
	贷：银行存款		5 000.00
77	借：销售费用	5 000.00	
	贷：库存现金		5 000.00
78	借：制造费用	1 300.00	
	贷：库存现金		1 300.00
79	借：应付职工薪酬——职工福利	7 000.00	
	贷：银行存款		7 000.00
80	借：应付职工薪酬——职工福利	1 800.00	
	贷：库存现金		1 800.00

续表

序号	会计分录		
81	借：管理费用	17 300.00	
	制造费用	40 000.00	
	贷：预付账款——南通××物业服务公司		40 000.00
	——南通××邮政局		300.00
	——××财产保险南通分公司		3 000.00
	——A财产保险公司		14 000.00
82	借：财务费用	2 100.00	
	贷：应付利息		2 100.00
83	借：管理费用	5 400.00	
	制造费用	17 000.00	
	贷：累计折旧		22 400.00
84	借：生产成本——皮纹纸	170 000.00	
	——玻璃卡纸	520 000.00	
	——莱尼纹纸	650 000.00	
	——幻彩纸	300 000.00	
	贷：原材料——聚氯乙烯树脂		490 000.00
	——聚丙烯		340 000.00
	——聚苯乙烯		460 000.00
	——热收缩膜		350 000.00
85	借：制造费用	3 000.00	
	管理费用	1 200.00	
	销售费用	800.00	
	贷：周转材料——生产工具		3 000.00
	——工作服		800.00
	——办公用品		1 200.00
86	借：管理费用	65 000.00	
	销售费用	120 000.00	
	制造费用	34 000.00	
	生产成本——皮纹纸	96 000.00	
	——玻璃卡纸	55 000.00	
	——莱尼纹纸	85 000.00	
	——幻彩纸	85 000.00	
	贷：应付职工薪酬——工资		540 000.00

续表

序号	会计分录		
87(1)	借：管理费用	9 100.00	
	销售费用	16 800.00	
	制造费用	4 760.00	
	生产成本——皮纹纸	13 440.00	
	——玻璃卡纸	7 700.00	
	——莱尼纹纸	11 900.00	
	——幻彩纸	11 900.00	
	贷：应付职工薪酬——职工福利		75 600.00
87(2)	借：管理费用	26 000.00	
	销售费用	48 000.00	
	制造费用	13 600.00	
	生产成本——皮纹纸	38 400.00	
	——玻璃卡纸	22 000.00	
	——莱尼纹纸	34 000.00	
	——幻彩纸	34 000.00	
	贷：其他应付款——养老		108 000.00
	——医疗		43 200.00
	——失业		10 800.00
	——公积金		54 000.00
87(3)	借：应付职工薪酬——工资	114 491.00	
	贷：其他应付款——养老		43 200.00
	——医疗		10 821.00
	——失业		5 400.00
	——公积金		54 000.00
	应交税费——应交个人所得税		1 070.00
88	借：应付职工薪酬——工资	425 509.00	
	财务费用	150.00	
	贷：银行存款		425 659.00
89	借：生产成本——皮纹纸	51 551.72	
	——玻璃卡纸	44 000.00	
	——莱尼纹纸	42 000.00	
	——幻彩纸	34 210.00	
	贷：制造费用		171 761.72

续表

序号	会计分录		
90	借：库存商品——皮纹纸	369 391.72	
	——玻璃卡纸	648 700.00	
	——莱尼纹纸	822 900.00	
	——幻彩纸	465 110.00	
	贷：生产成本——皮纹纸		369 391.72
	——玻璃卡纸		648 700.00
	——莱尼纹纸		822 900.00
	——幻彩纸		465 110.00
91	借：主营业务成本——皮纹纸	385 000.00	
	——玻璃卡纸	650 000.00	
	——莱尼纹纸	816 000.00	
	——幻彩纸	458 550.00	
	贷：库存商品——皮纹纸		385 000.00
	——玻璃卡纸		650 000.00
	——莱尼纹纸		816 000.00
	——幻彩纸		458 550.00
92(1)	借：应交税费——应交增值税（转出未交增值税）	333 807.76	
	贷：应交税费——未交增值税		333 807.76
92(2)	借：税金及附加	33 380.78	
	贷：应交税费——应交城建税		23 366.54
	——应交教育费附加		10 014.24
93(1)	借：主营业务收入	3 675 000.00	
	营业外收入	260.00	
	投资收益	50 000.00	
	贷：本年利润		3 725 260.00
93(2)	借：本年利润	2 831 872.48	
	贷：主营业务成本		2 309 550.00
	税金及附加		33 780.78
	销售费用		282 621.70
	管理费用		141 130.00
	财务费用		1 930.00
	营业外支出		62 860.00
94(1)	借：所得税费用	223 346.88	
	贷：应交税费——应交所得税		223 346.88
94(2)	借：本年利润	223 346.88	
	贷：所得税费用		223 346.88

续表

序号	会计分录		
95	借：本年利润	670 040.64	
	贷：利润分配——未分配利润		670 040.64
96(1)	借：利润分配——提取法定盈余公积	67 004.06	
	贷：盈余公积——法定盈余公积		67 004.06
96(2)	借：利润分配——应付利润	500 000.00	
	贷：应付利润——祁连山		250 000.00
	——祁文珍		100 000.00
	——赵 华		150 000.00
96(3)	借：利润分配——未分配利润	567 004.06	
	贷：利润分配——提取法定盈余公积		67 004.06
	——应付利润		500 000.00

（2）登账簿（“T”形账户，中心环节，见表7.155～表7.196）。

表 7.155

单位：元

借方		库存现金 贷方	
期初余额	5 000.00		
3	6 000.00	1	300.00
12	260.00	5	1 000.00
15	4 000.00	14	4 000.00
25	500.00	17	3 000.00
55	5 000.00	28	200.00
76	5 000.00	44	800.00
		74	3 000.00
		75	700.00
		77	5 000.00
		78	1 300.00
		80	1 800.00
本期发生额	20 760.00	本期发生额	21 100.00
期末余额	4 660.00		

表 7.156

单位：元

借方	银行存款		贷方
期初余额	3 357 289.00		
2	300 000.00	3	6 000.00
6	234 000.00	8	150 000.00
19	812 000.00	10	45 000.00
26	351 000.00	13	10 000.00
33	550 000.00	15	4 000.00
35	400 000.00	16	80 000.00
36	500 000.00	18	90 000.00
41	344 520.00	20	59 000.00
42（2）	7 280.00	21	11 400.00
47	300 000.00	22	400.00
51	46 880.00	23	1 400.00
56	700 000.00	29	120 000.00
58	468 000.00	30	70 000.00
66	464 000.00	31	580 000.00
		32	200 200.00
		34	351 000.00
		37	342 000.00
		38	3 300.00
		39	406 000.00
		43	40 000.00
		44	7 000.00
		50（1）	2 000.00
		52	5 115.00
		53（1）	150 000.00
		54	400 000.00
		55	5 000.00
		57	3 600.00
		60	120 000.00
		64	200 000.00
		65	36 000.00
		67	88 000.00
		69	900.00
		70	9 900.00
		71	35 960.00
		76	5 000.00
		79	7 000.00
		88	425 659.00
本期发生额	5 477 680.00	本期发生额	4 070 834.00
期末余额	4 764 135.00		

表 7.157

单位：元

借方	其他货币资金		贷方
期初余额	300 000.00		
32	200 000.00	24	150 000.00
63	200 000.00	40	153 120.00
		51	46 880.00
本期发生额	400 000.00	本期发生额	350 000.00
期末余额	350 000.00		

表 7.158

单位：元

借方	交易性金融资产		贷方
期初余额			
24	150 000.00	63	150 000.00
本期发生额	150 000.00	本期发生额	150 000.00
期末余额			

表 7.159

单位：元

借方	应收账款		贷方
期初余额	2 433 000.00		
9	348 000.00	6	234 000.00
11	580 000.00	26	351 000.00
46	928 000.00	36	500 000.00
61	580 000.00	41	348 000.00
		45	29 000.00
		48	180 000.00
		56	700 000.00
		58	468 000.00
本期发生额	2 436 000.00	本期发生额	2 810 000.00
期末余额	2 059 000.00		

表 7.160

单位：元

借方	应收票据		贷方
期初余额	400 000.00		
48	180 000.00	35	400 000.00
本期发生额	180 000.00	本期发生额	400 000.00
期末余额	180 000.00		

表 7.161

单位：元

借方	预付账款		贷方
期初余额	357 300.00		
10	25 862.07	49	300 000.00
18	90 000.00	81	57 300.00
57	3 600.00		
60	109 090.91		
65	36 000.00		
本期发生额	264 552.98	本期发生额	357 300.00
期末余额	264 552.98		

表 7.162

单位：元

借方	其他应收款		贷方
期初余额	3 000.00		
14	4 000.00	1	3 000.00
72	300.00	25	4 000.00
本期发生额	4 300.00	本期发生额	7 000.00
期末余额	300.00		

表 7.163

单位：元

借方	原材料		贷方
期初余额	950 000.00		
4	100 000.00	68	30 000.00
7	120 000.00	84	1 640 000.00
27	300 000.00		
49	300 000.00		
59	132 000.00		
73	220.00		
本期发生额	952 220.00	本期发生额	1 670 000.00
期末余额	232 220.00		

表 7.164

单位：元

借方	在途物资		贷方
期初余额	120 000.00		
40	132 000.00	7	120 000.00
		59	132 000.00
本期发生额	132 000.00	本期发生额	252 000.00
期末余额			

表 7.165

单位：元

借方	库存商品		贷方
期初余额	800 000.00		
90	2 306 101.72	91	2 309 550.00
本期发生额	2 306 101.72	本期发生额	2 309 550.00
期末余额	796 551.72		

表 7.166

单位：元

借方	生产成本		贷方
期初余额			
84	1 640 000.00	90	2 306 101.72
86	321 000.00		
87（1）	44 940.00		
87（2）	128 400.00		
89	171 761.72		
本期发生额	2 306 101.72	本期发生额	2 306 101.72
期末余额			

表 7.167

单位：元

借方	制造费用		贷方
期初余额			
10	12 931.03	89	171 761.72
13	8 620.69		
23	300.00		
70	8 250.00		
71	28 000.00		
78	1 300.00		
81	40 000.00		
83	17 000.00		
85	3 000.00		
86	34 000.00		
87（1）	4 760.00		
87（2）	13 600.00		
本期发生额	171 761.72	本期发生额	171 761.72
期末余额			

表 7.168

单位：元

借方		周转材料	贷方
期初余额	17 300.00		
		72	1 300.00
		85	5 000.00
本期发生额	17 300.00	本期发生额	6 300.00
期末余额	11 000.00		

表 7.169

单位：元

借方		固定资产	贷方
期初余额	1 589 400.00		
50（2）	505 000.00	42（1）	180 000.00
53（2）	272 727.27		
本期发生额	777 727.27	本期发生额	180 000.00
期末余额	2 187 127.27		

表 7.170

单位：元

借方		累计折旧	贷方
		期初余额	850 000.00
42（1）	150 000.00	83	22 400.00
本期发生额	150 000.00	本期发生额	22 400.00
		期末余额	722 400.00

表 7.171

单位：元

借方		固定资产清理	贷方
期初余额			
42（1）	30 000.00	42（2）	7 140.00
		42（3）	22 860.00
本期发生额	30 000.00	本期发生额	30 000.00
期末余额			

表 7.172

单位：元

借方		在建工程	贷方
期初余额			
8	150 000.00	50（2）	505 000.00
31	500 000.00	53（2）	272 727.27
38	3 000.00		
50（1）	2 000.00		
53（1）	122 727.27		
本期发生额	777 727.27	本期发生额	777 727.27
期末余额			

表 7.173

单位：元

借方		无形资产	贷方
期初余额			
67	88 000.00		
本期发生额	88 000.00	本期发生额	
期末余额	88 000.00		

表 7.174

单位：元

借方		短期借款	贷方
		期初余额	400 000.00
39	400 000.00	2	300 000.00
本期发生额	400 000.00	本期发生额	300 000.00
		期末余额	300 000.00

表 7.175

单位：元

借方		应付账款	贷方
		期初余额	1 302 000.00
34	351 000.00	4	116 000.00
37	348 000.00	27	348 000.00
54	400 000.00	49	48 000.00
64	200 000.00		
68	34 800.00		
本期发生额	1 333 800.00	本期发生额	512 000.00
		期末余额	480 200.00

表 7.176

单位：元

借方		预收账款	贷方
		期初余额	
62	580 000.00	47	300 000.00
本期发生额	580 000.00	本期发生额	300 000.00
期末余额	280 000.00		

表 7.177

单位：元

借方		应付职工薪酬	贷方
		期初余额	
79	7 000.00	86	540 000.00
80	1 800.00	87（1）	75 600.00
87（3）	114 491.00		
88	425 509.00		
本期发生额	548 800.00	本期发生额	615 600.00
		期末余额	66 800.00

表 7.178

单位：元

借方	应付利息		贷方
		期初余额	4 000.00
39	4 000.00	82	2 100.00
本期发生额	4 000.00	本期发生额	2 100.00
		期末余额	2 100.00

表 7.179

单位：元

借方	应付利润		贷方
		期初余额	
		96（2）	500 000.00
本期发生额		本期发生额	500 000.00
		期末余额	500 000.00

表 7.180

单位：元

借方	应交税费		贷方
		期初余额	70 400.00
4	16 000.00	9	48 000.00
10	6 206.90	11	80 000.00
13	1 379.31	19	112 000.00
16	4 528.30	42（2）	140.00
20	59 000.00	46	128 000.00
21	11 400.00	61	80 000.00
27	48 000.00	62	80 000.00
31	80 000.00	66	64 000.00
38	300.00	68	4 800.00
40	21 120.00	87（3）	1 070.00
45	4 000.00	92（1）	333 807.76
49	48 000.00	92（2）	33 380.78
52	465.00	94（1）	223 346.88
53	27 272.73		
60	10 909.09		
70	900.00		
71	4 960.00		
92（1）	333 807.76		
本期发生额	678 249.09	本期发生额	1 188 545.42
		期末余额	580 696.33

表 7.181

单位：元

借方		其他应付款	贷方
		期初余额	190 000.00
29	120 000.00	87（2）	216 000.00
30	70 000.00	87（3）	113 421.00
本期发生额	190 000.00	本期发生额	329 421.00
		期末余额	329 421.00

表 7.182

单位：元

借方		实收资本	贷方
		期初余额	4 500 000.00
		33	500 000.00
本期发生额		本期发生额	500 000.00
		期末余额	5 000 000.00

表 7.183

单位：元

借方		资本公积	贷方
		期初余额	163 000.00
		33	50 000.00
本期发生额		本期发生额	50 000.00
		期末余额	213 000.00

表 7.184

单位：元

借方		盈余公积	贷方
		期初余额	822 530.00
		96（1）	67 004.06
本期发生额		本期发生额	67 004.06
		期末余额	889 534.06

表 7.185

单位：元

借方		投资收益	贷方
		期初余额	
93（1）	50 000.00	63	50 000.00
本期发生额	50 000.00	本期发生额	50 000.00
		期末余额	

表 7.186

单位：元

借方		利润分配 贷方	
		期初余额	2 030 359.00
96（1）	67 004.06	95	670 040.64
96（2）	500 000.00	96（3）	567 004.06
96（3）	567 004.06		
本期发生额	1 134 008.12	本期发生额	1 237 044.70
		期末余额	2 133 395.58

表 7.187

单位：元

借方		本年利润 贷方	
		期初余额	
93（2）	2 831 872.48	93（1）	3 725 260.00
94（2）	223 346.88		
95	670 040.64		
本期发生额	3 725 260.00	本期发生额	3 725 260.00

表 7.188

单位：元

借方		主营业务收入 贷方	
45	25 000.00	9	300 000.00
93（1）	3 675 000.00	11	500 000.00
		19	700 000.00
		46	800 000.00
		61	500 000.00
		62	500 000.00
		66	400 000.00
本期发生额	3 700 000.00	本期发生额	3 700 000.00

表 7.189

单位：元

借方		主营业务成本 贷方	
91	2 309 550.00	93（2）	2 309 550.00
本期发生额	2 309 550.00	本期发生额	2 309 550.00

表 7.190

单位：元

借方		税金及附加	贷方
22	400.00		
92（2）	33 380.78	93（2）	33 780.78
本期发生额	33 780.78	本期发生额	33 780.78

表 7.191

单位：元

借方		管理费用	贷方
5	1 000.00	73	220.00
17	3 000.00	93（2）	141 130.00
23	300.00		
25	3 500.00		
28	200.00		
69	900.00		
70	750.00		
71	3 000.00		
72	1 000.00		
74	3 000.00		
75	700.00		
81	17 300.00		
83	5 400.00		
85	1 200.00		
86	65 000.00		
87（1）	9 100.00		
87（2）	26 000.00		
本期发生额	141 350.00	本期发生额	141 350.00

表 7.192

单位：元

借方		财务费用	贷方
32	200.00	37	6 000.00
39	2 000.00	93（2）	1 930.00
41	3 480.00		
82	2 100.00		
88	150.00		
本期发生额	7 930.00	本期发生额	7 930.00

表 7.193

单位：元

借方	销售费用		贷方
1	3 300.00	93（2）	282 621.70
16	75 471.70		
23	800.00		
44	7 800.00		
52	4 650.00		
77	5 000.00		
85	800.00		
86	120 000.00		
87（1）	16 800.00		
87（2）	48 000.00		
本期发生额	282 621.70	本期发生额	282 621.70

表 7.194

单位：元

借方	所得税费用		贷方
94（1）	223 346.88	94（2）	223 346.88
本期发生额	223 346.88	本期发生额	223 346.88

表 7.195

单位：元

借方	营业外收入		贷方
93（1）	260.00	12	260.00
本期发生额	260.00	本期发生额	260.00

表 7.196

单位：元

借方	营业外支出		贷方
42（3）	22 860.00	93（2）	62 860.00
43	40 000.00		
本期发生额	62 860.00	本期发生额	62 860.00

（3）编报表（最终环节，见表7.197和表7.198）。

表 7.197

资产负债表

20#3年12月31日

编制单位：会计基本技能训练注册公司　　　　单位：元

资　产	年初数	期末数	负债和所有者权益	年初数	期末数
流动资产：			流动负债：		
货币资金	3 662 289.00	5 118 795.00	短期借款	400 000.00	300 000.00
交易性金融资产			交易性金融负债		
应收票据	400 000.00	180 000.00	应付票据		
应收账款	2 433 000.00	2 339 000.00	应付账款	1 302 000.00	480 200.00
预付账款	357 300.00	264 552.98	预收账款		
应收利息			应付职工薪酬		66 800.00
应收股利			应交税费	70 400.00	580 696.33
其他应收款	3 000.00	300.00	应付利息	4 000.00	2 100.00
存货	1 887 300.00	1 039 771.72	应付利润		500 000.00
其他流动资产			其他应付款	190 000.00	329 421.00
流动资产合计	8 742 889.00	9 293 419.70	一年内到期的非流动负债		
非流动资产：			其他流动负债		
可供出售金融资产			流动负债合计	1 966 400.00	2 610 217.33
长期股权投资			非流动负债：		
固定资产	1 589 400.00	2 187 127.27	长期借款		
减：累计折旧	850 000.00	722 400.00	应付债券		
固定资产净值	739 400.00	1 464 727.27	长期应付款		
在建工程			非流动负债合计		
工程物资			负债合计	1 966 400.00	2 610 217.33
固定资产清理			所有者权益：		
无形资产		88 000.00	实收资本	4 500 000.00	5 000 000.00
开发支出			资本公积	163 000.00	213 000.00
长期待摊费用			盈余公积	822 530.00	889 534.06
其他非流动资产			未分配利润	2 030 359.00	2 133 395.58
非流动资产合计	739 400.00	1 552 727.27	所有者权益合计	7 515 889.00	8 235 929.64
资产总计	9 482 289.00	10 846 146.97	负债和所有者权益总计	9 482 289.00	10 846 146.97

表 7.198

利润表

20#3年12月31日

编制单位：会计基本技能训练注册公司　　　　单位：元

项　　目	行次	本月数	本年累计数
一、营业收入	1	3 675 000.00	略
减：营业成本	2	2 309 550.00	
税金及附加	3	33 780.78	
销售费用	4	282 621.70	
管理费用	5	141 130.00	
财务费用	6	1 930.00	
二、营业利润（亏损以“－”号填列）	7	955 987.52	
加：投资收益（亏损以“－”号填列）	8	50 000.00	
加：营业外收入	9	260.00	
减：营业外支出	10	62 860.00	
三、利润总额（亏损总额以“－”号填列）	11	893 387.52	
减：所得税费用	12	223 346.88	
四、净利润（净亏损以“－”号填列）	13	670 040.64	

补充资料：当期分配给投资者500 000元。

第三篇

会计相关技能训练

要当好一名会计人员，会做账还不够，我们还要与工商、税务等部门打交道。作为企业的会计人员在从事财务工作时还必须对企业的经营范围、注册资金以及应缴纳哪些税种，如何办理企业登记、税务登记、纳税申报和企业年报等比较熟悉。

接下来，开始我们的会计相关操作技能训练吧！

第1步：企业登记训练。
第2步：税务登记训练。
第3步：纳税申报训练。
第4步：企业年报训练。

项目8

企业登记训练

你的目标

熟悉企业名称预先核准、有限责任公司设立登记和股份有限公司设立登记的办理流程；掌握相关表格的填制方法等。

一、企业名称预先核准

企业名称预先核准服务对象、办理机构等内容如表8.1所示。

表 8.1

企业名称预先核准服务对象、办理机构等内容

项　目	内　容
服务对象	依法需经国家工商行政管理总局核准的新设立企业名称，主要包括内资公司、内资非公司企业法人和外资公司、非公司外资企业法人等
办理机构	国家工商总局企业注册局
受理方式	现场受理；网上申请
办理时限	15个工作日（从受理之日起至核准或者驳回）
办理结果	核准通知书
监督电话	010-88650160

（一）办理依据

《公司登记管理条例》（国务院令第156号，2005年12月18日修订）第四条：“工商行政管理机关是公司登记机关。”第十七条：“设立公司应当申请名称预先核准。”第十八条：“设立有限责任公司，应当由全体股东指定的代表或者共同委托的代理人向公司登记机关申请名称预先核准；设立股份有限公司，应当由全体发起人指定的代表或者共同委托的代理人向公司登记机关申请名称预先核准。”

（二）申请条件

申请材料齐全，符合法定形式。

（三）申请材料

（1）《企业名称预先核准申请书》（含指定代表或者共同委托代理人授权委托书及身份证件复印件）。

（2）外商投资企业提交全体投资人的资格证明复印件（文件是外文的，需提交加盖翻译单位公章的中文翻译件）。

（3）其他有关文件、证件。

说明：

（1）办理企业名称预先核准、登记、备案等，可登录中国企业登记网（http://qyj.saic.gov.cn）下载相关表格。

（2）提交的申请书与其他申请材料应当使用A4型纸。

（3）提交材料未注明提交复印件的，应当提交原件；提交复印件的，应当注明“与原件一致”，并由申请人签署，或者由其指定的代表或共同委托的代理人加盖公章或签字。

（4）提交材料涉及签署的，未注明签署人的，自然人由本人签字；法人和其他组织由法定代表人或负责人签字，并加盖公章。注：网上提交申请，外商投资企业需上传全体投资人资格证明复印的扫描件(PDF格式)。

（四）办理流程

1. 网上申请操作指引

（1）申请范围。依法需经国家工商行政管理总局核准的新设立企业名称，主要包括内资公司、内资非公司企业法人和外资公司、非公司外资企业法人等。

（2）登录系统。

① 系统打开渠道。企业登记网上注册申请系统打开有以下三种渠道。

第一种：单击国家工商行政管理总局网（http://www.saic.gov.cn）导航栏的“服务”位置，在弹出的下拉菜单“办事大厅-办事系统”栏目中，登录企业登记网上注册申请业务系统（以下简称“网上注册系统”）。

第二种：单击国家工商行政管理总局网首页下方“办事系统”栏中的“企业登记网上注册申请业务系统”，登录网上注册系统。

第三种：单击中国企业登记网首页下方“企业办事”栏目中的“在线申报”，登录网上注册系统。

注意：如果没有系统用户名、密码，可以通过以上三个地址进入系统首页，选择“注册”，设置系统登录的用户名和密码。

② 系统登录操作。单击“登录”按钮或者具体业务模块（如“名称预先核准申请”功能模块），系统将会弹出“登录”对话框，选择“普通登录”方式，输入用户名、密码进行登录。

注意：未注册为本系统用户的，需先注册为用户；使用浏览器版本IE 8、IE 9、IE 10、IE 11。

③ 明确系统用户信息。登录系统后可通过“个人信息修改”查看当前用户的企业登记类型。注意如果选择当前用户的企业登记类型为内资，那么只能申请内资企业名称，反之则只能申请外资企业名称。

（3）进入企业名称预先核准申请页面。登录系统后，选择“点击进入”，选择“名称预先核准申请”功能模块，系统将弹出“温馨提示”，需要用户认真阅读，阅读后单击“确定”按钮进行关闭，进入“名称预先核准申请”企业类型选择界面。

（4）选择企业类型。选择“名称预先核准申请”功能模块后，系统将弹出“温馨提示”，需要用户认真阅读，阅读后点单击“确定”按钮进行关闭，进入“名称预先核准申请”企业类型选择界面，选定企业类型后，可填写申请信息。

注意：企业大类分为内资公司和内资企业法人，内资公司为公司类企业，如有限责任公司和股份有限公司，内资企业法人为全民所有制企业和集体所有制企业。

（5）填写申请信息。根据提示，填写申请相关信息，企业名称预先核准需填写的信息申请由“名称信息”“企业信息”“投资人信息”和“其他信息”四部分组成，均需填写。“名称信息”页面上的信息填写完毕后，通过单击“字号检查”按钮，对填写的企业名称进行初步查重，检查通过，可接着填写申请信息，检查不通过，需要调整页面信息直至检查通过后才可以继续操作。

注意：每个页面中带*的信息项表示必填；名称分为四段式，由“名称区划”“字号”“名称行业”和“组织形式”组成。国家工商行政管理总局核准名称不含行政区划，“名称区划”一栏不填；选择行业代码一般要选择到小类（如A0131），如果无法确定，可以单击“帮我选择”，系统会列出规范性名称行业表述与相对应的行业代码，协助申请人选择；申请名称可以填写三个备选字号；“联系电话”应为有效手机号，确保接收到业务短信提示；内资申请的企业字号与投资人相同且同行业，需要上传投资人资格证明文件(*.PDF格式)；外资企业名称申请，需要上传全体投资人资格证明文件(*.PDF格式)；通过单击“下一步”按钮或页签进行页面切换；在系统中填写的信息真实有效，以保证通过系统打印出的文书内容无误。

（6）检查提交。对填报信息进行预览，再次确认填写信息后，单击“检查”按钮，系统会对申请人填写的信息进行初步检查；检查通过后单击“提交”按钮，通过互联网将申请业务提交至工商行政管理总局业务部门进行审查。检查不通过的，申请人需根据提示修改填报信息，直至业务检查通过方可将申请业务提交至业务部门审查。

注意：业务状态为“已提交待预审”表示业务已经提交成功，此时申报信息只能查看，不能修改。

（7）查看反馈。登录网上注册系统，单击“我的业务申请”按钮，查看申请业务审查过程反馈信息。

审查意见为“退回修改”的，业务信息可查看、修改或者将申请的业务直接“删除”。

审查意见为“驳回”的，业务信息可查看、不可修改。

审查意见为“拟同意”的，表示业务处于在审核中且没有办结，业务信息可查看、不可修改。

注意：被退回修改名称在退回15天内，企业没有重新上报，系统会将该业务申请信息删除，同时允许其他人申请该企业名称；核准意见为“退回修改”的，业务信息可查看，不可修改和删除。

（8）打印告知书。查看系统业务办理状态为“已办理成功”后，打印系统生成的《企业名称网上预先核准告知书》（含指定代表或者共同委托代理人授权委托书及身份证件复印件）。

注意：将委托人身份证复印件粘贴在授权委托人信息处；《企业名称预先核准告知

书》由申请人在核准申请通过以后自行下载、打印、填写。

（9）提交纸质材料，领取通知书。咨询企业住所所在地企业登记机关本省市登记管辖有关规定，协商、确认拟注册企业的登记机关。申请人需按要求准备好相关申请材料现场交给该企业登记机关，领取加盖登记机关业务专用章的《企业名称预先核准通知书》。

注意：

① 提交材料规范：《企业名称网上预先核准告知书》（含指定代表或者共同委托代理人授权委托书及身份证件复印件）。投资人的资格证明复印件（外商投资企业提供，文件是外文的，需提交加盖翻译单位公章的中文翻译件）。其他有关文件、证件。

② 申请人通过企业登记网上注册申请业务系统申请不含行政区划企业名称核准后，到企业登记机关领取《企业名称预先核准通知书》。

③ 《企业名称预先核准通知书》应当由指定代表或者共同委托代理人持本人有效身份证件领取。指定代表或者共同委托代理人发生变化，或者因故不能领取的，可以由申请人或者指定代表或者共同委托代理人另行委托他人持本人有效证件领取。另行委托需另行填写《指定代表或者共同委托代理人授权委托书》（可从国家工商行政管理总局网站“表格下载”栏目下载）。指定代表或者共同委托代理人另行委托的，在“委托书”的“申请人签字或盖章”处签字。

2. 现场申请操作指引

（1）申请范围。内资新设企业名称预先核准，总局现场受理范围：冠以“中国”“中华”“全国”“国家”“国际”等字样或者含有“中国”“中华”“全国”“国家”等字样的企业名称，其他需总局现场受理的企业名称。

外资新设企业名称预先核准，各地方局现场受理范围：依法需经国家工商行政管理总局核准的外资公司、非公司外资企业法人等。

（2）申请书下载。申请书下载有以下两种渠道。

第一种：国家工商行政管理总局网首页，单击下方“找办事表格”栏中的“企业登记”，在“企业登记”页面查找《企业名称预先核准申请书》并单击下载。

第二种：中国企业登记网首页，单击下方“企业办事”栏中的“表格下载”，在“表格下载”页面查找《企业名称预先核准申请书》并单击下载。

（3）准备申请材料、选择企业登记机关。根据名称预先核准申请要求准备相关材料，结合企业现场申请条件及企业名称相关信息（如注册资本、企业住所），选择有受理权限的企业登记机关。

（4）提交纸质材料。将填写完整的《企业名称预先核准申请书》（含指定代表或者共同委托代理人授权委托书及身份证件复印件）及其他有关文件、证件交给企业登记机关，并接受企业登记机关受理意见。

注意：提交的申请书与其他申请材料应当使用A4型纸；提交的文件若用外文书写，需提交中文译本，并加盖翻译单位印章；提交材料未注明提交复印件的，应当提交原件；提交复印件的，应当注明“与原件一致”并由申请人签署。

提交材料规范如下。

① 《企业名称预先核准申请书》（含指定代表或者共同委托代理人授权委托书及身份证件复印件）。

② 外商投资企业提交全体投资人的资格证明复印件（文件是外文的，需提交加盖翻译单位公章的中文翻译件）。

③ 其他有关文件、证件。

（5）接收企业名称预先核准审核意见、领取通知书。企业登记机关将在15个工作日内做出企业名称审核意见。审核通过后，授权委托人可到企业名称受理机关领取《企业名称预先核准通知书》。审查退回后，申请人需提交修改后的相关材料。审核/审查驳回后，业务结束。

（五）收费标准及依据

不收费。

（六）尝试完成表格填写

（1）《企业名称预先核准申请书》（见表8.2）。

（2）《指定代表或者共同委托代理人授权委托书》（见表8.3）。

表 8.2

企业名称预先核准申请书

注：请仔细阅读本申请书《填写说明》，按要求填写。

□企业设立名称预先核准			
申请企业名称			
备选企业字号	1.		
	2.		
	3.		
企业住所地	______省（市/自治区） ______市（地区/盟/自治州） ______县（自治县/旗/自治旗/市/区）		
注册资本（金）	______万元	企业类型	
经营范围			
投资人	名称或姓名		证照号码

续表

<table>
<tr><td colspan="4">□已核准名称项目调整（投资人除外）</td></tr>
<tr><td>已核准名称</td><td></td><td>通知书文号</td><td></td></tr>
<tr><td>拟调整项目</td><td>原申请内容</td><td colspan="2">拟调整内容</td></tr>
<tr><td></td><td></td><td colspan="2"></td></tr>
<tr><td></td><td></td><td colspan="2"></td></tr>
<tr><td></td><td></td><td colspan="2"></td></tr>
<tr><td></td><td></td><td colspan="2"></td></tr>
<tr><td colspan="4">□已核准名称延期</td></tr>
<tr><td>已核准名称</td><td></td><td>通知书文号</td><td></td></tr>
<tr><td>原有效期</td><td></td><td>有效期延至</td><td>____年___月___日</td></tr>
</table>

<table>
<tr><td colspan="6">指定代表或者共同委托代理人</td></tr>
<tr><td>具体经办人
姓名</td><td></td><td>身份证件号码</td><td></td><td>联系电话</td><td></td></tr>
<tr><td>授权期限</td><td colspan="5">自　　年　　月　　日至　　年　　月　　日</td></tr>
<tr><td colspan="6">授权权限：1. 同意□不同意□核对登记材料中的复印件并签署核对意见。
2. 同意□不同意□修改有关表格的填写错误。
3. 同意□不同意□领取《企业名称预先核准通知书》。</td></tr>
<tr><td colspan="6">（指定代表或委托代理人、具体经办人身份证件复印件粘贴处）</td></tr>
<tr><td>申请人
签字或盖章</td><td colspan="5">年　　月　　日</td></tr>
</table>

企业名称预先核准申请书填写说明

注：以下“说明”供填写申请书参照使用，不需向登记机关提供。

1. 本申请书适用于所有内资企业的名称预先核准申请、名称项目调整（投资人除外）、名称延期申请等。

2. 向登记机关提交的申请书只填写与本次申请有关的栏目。

3. 申请人应根据《企业名称登记管理规定》和《企业名称登记管理实施办法》有关规定申请企业名称预先核准，所提供信息应真实、合法、有效。

4. “企业类型”栏应根据以下具体类型选择填写：有限责任公司、股份有限公司、分公司、非公司企业法人、营业单位、企业非法人分支机构、个人独资企业、合伙企业。

5. “经营范围”栏只需填写与企业名称行业表述相一致的主要业务项目，应参照《国民经济行业分类》国家标准及有关规定填写。

6. 申请企业设立名称预先核准、对已核准企业名称项目进行调整或延长有效期限的，申请人为全体投资人。其中，自然人投资的由本人签字，非自然人投资的加盖公章。

7. 在原核准名称不变的情况下，可以对已核准名称项目进行调整，如住所、注册资本（金）等，变更投资人项目的除外。

8. 《企业名称预先核准通知书》的延期应当在有效期期满前一个月内申请办理，申请延期时应缴回《企业名称预先核准通知书》原件。投资人有正当理由，可以申请《企业名称预先核准通知书》有效期延期六个月，经延期的《企业名称预先核准通知书》不得再次申请延期。

9. 指定代表或委托代理人、具体经办人应在粘贴的身份证件复印件上用黑色钢笔或签字笔签字确认“与原件一致”。

10. “投资人”项及“已核准名称项目调整（投资人除外）”项可加行续写或附页续写。

11. 申请人提交的申请书应当使用A4型纸。依本表打印生成的，使用黑色钢笔或签字笔签署；手工填写的，使用黑色钢笔或签字笔工整填写、签署。

表 8.3

指定代表或者共同委托代理人授权委托书

申 请 人 ：________________

指定代表或者委托代理人 ：____________________

委托事项及权限：

1. 办理____（企业名称）的

□名称预先核准 □设立 □变更 □注销 □备案 □撤销变更登记

□股权出质（□设立 □变更 □注销 □撤销）□其他__________手续。

2. 同意□不同意□核对登记材料中的复印件并签署核对意见。

3. 同意□不同意□修改企业自备文件的错误。

4. 同意□不同意□修改有关表格的填写错误。

5. 同意□不同意□领取营业执照和有关文书。

续表

指定或者委托的有效期限：自　　年　月　日至　　年　月　日

指定代表或委托代理人或者经办人信息	签字：
	固定电话：
	移动电话：
（指定代表或委托代理人、具体经办人身份证明复印件粘贴处）	

（申请人签字或盖章）

年　月　日

填写说明

1. 本委托书适用于办理企业名称预先核准，公司及其分公司、非公司企业法人及其分支机构、营业单位、非公司企业等办理登记（备案）、股权出质等业务。

2. 名称预先核准，新申请名称申请人为全体投资人或隶属企业，已设立企业变更名称申请人为本企业，由企业法定代表人签署。

3. 设立登记，有限责任公司申请人为全体股东，国有独资公司申请人为国务院或地方人民政府国有资产监督管理机构，股份有限公司申请人为董事会，非公司企业法人申请人为主管部门（出资人），分公司申请人为公司，营业单位、非法人分支机构申请人为隶属单位（企业）。自然人申请人由本人签字，非自然人申请人加盖公章。

4. 公司、非公司企业法人变更、注销、备案，申请人为本企业，加盖本企业公章（其中公司清算组备案的，同时由清算组负责人签字；公司破产程序终结后办理注销登记的，同时由破产管理人签字）；分公司变更、注销、备案，申请人为公司，加盖公司公章；营业单位、非法人分支机构申请人为隶属单位（企业），加盖隶属单位（企业）公章。

5. 股权出质设立、变更、注销登记申请人为出质人和质权人，股权出质撤销登记申请人为出质人或者质权人。

6. 委托事项及权限：第1项应当选择相应的项目并在□中打√，或者注明其他具体内容；第2、3、4、5项选择“同意”或“不同意”并在□中打√。

7. 指定代表或者委托代理人可以是自然人，也可以是其他组织；指定代表或者委托代理人是其他组织的，应当另行提交其他组织证照复印件及其指派具体经办人的文件、具体经办人的身份证件。

8. 申请人提交的申请书应当使用A4型纸。依本表打印生成的，使用黑色钢笔或签字笔签署；手工填写的，使用黑色钢笔或签字笔工整填写、签署。

二、有限责任公司设立登记

有限责任公司设立登记服务对象，办理机构等内容如表8.4所示。

表 8.4

有限责任公司设立登记服务对象，办理机构等内容

项　目	内　容
服务对象	企业、事业法人、社团法人、民办非企业单位、自然人
办理机构	国家工商总局企业注册局
受理方式	现场受理；网上申报，现场受理
办理时限	20个工作日（从受理之日起至核准或者驳回）
办理结果	营业执照
告知方式	手机短信提示

（一）办理依据

《公司法》《公司登记管理条例》。

（二）申请条件

（1）股东符合法定人数。

（2）有符合公司章程规定的全体股东认缴的出资额。

（3）股东共同制定公司章程。

（4）有公司名称，建立符合有限责任公司要求的组织机构。

（5）有公司住所。

（三）申请材料

（1）《公司登记（备案）申请书》。

（2）《指定代表或者共同委托代理人授权委托书》及指定代表或委托代理人的身份证件复印件。

（3）全体股东签署的公司章程。

（4）股东的主体资格证明或者自然人身份证件复印件。

① 股东为企业的，提交营业执照复印件。

② 股东为事业法人的，提交事业法人登记证书复印件。

③ 股东为社团法人的，提交社团法人登记证复印件。

④ 股东为民办非企业单位的，提交民办非企业单位证书复印件。

⑤ 股东为自然人的，提交身份证件复印件。

⑥ 其他股东提交有关法律、法规规定的资格证明。

（5）董事、监事和经理的任职文件（股东会决议由股东签署，董事会决议由公司董事签字）及身份证件复印件。

（6）法定代表人任职文件（股东会决议由股东签署，董事会决议由公司董事签字）及身份证件复印件。

（7）住所使用证明。

（8）《企业名称预先核准通知书》。

（9）法律、行政法规和国务院决定规定设立有限责任公司必须报经批准的，提交有关的批准文件或者许可证件复印件。

（10）公司申请登记的经营范围中有法律、行政法规和国务院决定规定必须在登记前报经批准的项目，提交有关批准文件或者许可证件复印件。

（11）《承诺书》。

说明：

（1）办理企业名称预先核准、登记、备案等，可登录国家工商行政管理总局网（http://www.saic.gov.cn）或中国企业登记网（http://qyj.saic.gov.cn）下载相关表格。

（2）提交的申请书与其他申请材料应当使用A4型纸。

（3）提交材料未注明提交复印件的，应当提交原件；提交复印件的，应当注明“与原件一致”并由申请人签署，或者由其指定的代表或共同委托的代理人加盖公章或签字。

（4）提交材料涉及签署的，未注明签署人的，自然人由本人签字；法人和其他组织由法定代表人或负责人签字，并加盖公章。

（四）办理流程

国家工商总局企业注册局已开通企业登记全程电子化系统（试运行），申请人可以通过该系统办理企业设立、变更、备案、注销登记业务。操作方法如下。

1. 登录系统

企业登记网上注册申请系统打开有以下三种渠道。

第一种：单击国家工商行政管理总局网导航栏的“服务”位置，在弹出的下拉菜单“办事大厅-办事系统”栏目中，登录企业登记网上注册申请业务系统（以下简称“网上注册系统”）。

第二种：单击国家工商行政管理总局网首页下方“办事系统”栏中的“企业登记网上注册申请业务系统”，登录网上注册系统。

第三种：单击中国企业登记网首页下方“企业办事”栏目中的“在线申报”，登录网上注册系统。

进入系统后，单击“企业设立申请”“企业变更申请”“企业备案申请”或“企业注销申请”功能模块后系统会弹出“登录”对话框后，选择登录方式输入登录信息，登录系统。或者直接单击“登录”按钮，弹出“登录”对话框后，选择登录方式、输入登录信息，登录系统。

注意：已经注册为用户的，输入用户名、密码后单击“登录”按钮进入；未注册为用户的，需先注册为用户。

2. 选择类型

根据所办业务，选择“企业设立申请”“企业变更申请”“企业备案申请”或“企业注销申请”模块，进入业务申请环境。

注意：同一企业一次只能选择一种业务类型，待申请的业务办理结束后，方可再次申请业务办理。企业变更同时需要办理备案业务的，应当选择“企业变更申请”，该业务类型会将变更、备案一并处理；只办理备案的，应当选择“企业备案申请”模块。

3. 填写信息

“企业设立申请”业务：企业需要选择申请的企业类型、输入名称预先核准通知书文号或者企业名称，单击“查询”按钮提取申请的企业信息，然后对未填写的信息进行补录，单击页面的“下一步”按钮继续操作，在“其他信息”页面的对应该页面的材料清单上传扫描材料，并在该材料清单前打钩表示需要提交审核。

注意： *表示必填。开始进行信息填写时通过单击“下一步”按钮进行页面切换，所有信息都已经填报完成后单击“下一步”按钮或选择页签进行页面切换。在系统中填写的信息要真实有效，以保证通过系统打印的文书内容无误；要求填写的手机号可接收短信，以保证申请人及时了解业务办结情况。“其他信息”页面授权委托人电话务必填写正确的手机号，确保及时接收关于申请业务的短信提示。

4. 上传文件（PDF格式）

选择所需提交的文件目录，根据目录显示对应上传已经签字（盖章）材料的PDF格式扫描件。

注意： 目录中如果缺少需提交文件，可通过“添加材料”按钮，自行录入材料名录，增加材料目录信息。对材料目录前的“□”打钩，上传的材料才能被提交，否则不会通过网络将上传的材料提交审核。电子材料需要加盖公章，扫描为PDF格式上传到系统中。

5. 检查提交

对填报信息和上传材料进行预览，再次确认填写信息后，单击“检查”按钮，系统会对申请人填写的信息和上传的附件材料进行初步检查；检查通过后单击“提交”按钮，通过互联网将申请业务提交至工商行政管理总局业务部门进行审查。检查不通过的，申请人需根据提示修改填报信息，直至业务检查通过方可将申请业务提交至业务部门审查。在“预览”页面单击“检查”按钮，整体再查看填报的企业信息，检查无误后单击“提交”按钮，完成网上业务申请提交。

注意： 业务状态为“已提交待预审”，表示业务已经提交成功，此时申报信息只能查看，不能修改。

6. 查看反馈

登录系统，单击“我的业务申请”按钮，系统会列出已提交审核的企业名称。如某个企业名称的“申请状态”为“退回修改”的，应当单击“操作”栏中的“查看”按钮，查看具体修改意见，并按照修改要求返回，单击“操作”栏中的“修改”按钮，修改相关信息，再次提交；也可以单击“操作”栏中的“删除”按钮，删除该项申请。“申请状态”为“驳回”的按钮，此次申请未获成功，可以单击“查看”按钮，查看驳回理由，并根据驳回意见重新申请。审查意见为“拟同意”的，表示业务处于审核中，申请信息可查看，不可以修改。

7. 现场交件

登录系统，单击“我的业务申请”按钮，查看申请的企业名称申请状态，如显示为

“已办理成功”，根据手机短信提示到相应注册大厅相应窗口提交纸质材料。

注意：需根据要求对打印出的纸质材料进行签字盖章，确保与系统中电子材料一致。

8. 领取执照

纸质材料被审查同意后，领取核准通知书、营业执照。

（五）收费标准及依据

不收费。

（六）尝试完成表格填写

（1）《承诺书》（见表8.5）。

（2）《公司登记（备案）申请书》（见表8.6）。

（3）《全体投资人承诺书》（见表8.7）。

（4）《指定代表或者共同委托代理人授权委托书》（见表8.3）。

表 8.5

承 诺 书

国家工商行政管理总局：

郑重承诺：工商总局已告知相关审批事项和审批部门。在领取营业执照后，我单位将及时到审批部门办理审批手续，在取得行政审批前不从事相关经营活动。如有超出登记经营范围从事后置审批事项经营的需要，也将先行办理经营范围变更登记和相应审批手续，未取得相关审批前不从事相关经营活动。

签名：

年 月 日

备注：签名人员应为法定代表人（拟任法定代表人、负责人、经营者）或者其委托代理人。

表 8.6

公司登记（备案）申请书

注：请仔细阅读本申请书《填写说明》，按要求填写。

<table>
<tr><td colspan="6">□基本信息</td></tr>
<tr><td>名称</td><td colspan="5"></td></tr>
<tr><td>名称预先核准文号/注册号/统一社会信用代码</td><td colspan="5"></td></tr>
<tr><td>住所</td><td colspan="5">_______省（市/自治区）_______市（地区/盟/自治州）________县（自治县/旗/自治旗/市/区）________乡（民族乡/镇/街道）_____村（路/社区）号</td></tr>
<tr><td>生产经营地</td><td colspan="5">_______省（市/自治区）_______市（地区/盟/自治州）________县（自治县/旗/自治旗/市/区）________乡（民族乡/镇/街道）_____村（路/社区）号</td></tr>
<tr><td>联系电话</td><td colspan="2"></td><td colspan="2">邮政编码</td><td></td></tr>
<tr><td colspan="6">□设立</td></tr>
<tr><td>法定代表人姓　　名</td><td></td><td>职务</td><td colspan="3">□董事长　□执行董事　□经理</td></tr>
<tr><td>注册资本</td><td>__________万元</td><td>公司类型</td><td colspan="3"></td></tr>
<tr><td>设立方式（股份公司填写）</td><td colspan="5">□发起设立　　　　□募集设立</td></tr>
<tr><td>经营范围</td><td colspan="5"></td></tr>
<tr><td>经营期限</td><td colspan="2">□______年　□长期</td><td colspan="2">申请执照副本数量</td><td>____个</td></tr>
<tr><td colspan="6">□变更</td></tr>
<tr><td>变更项目</td><td colspan="2">原登记内容</td><td colspan="3">申请变更登记内容</td></tr>
<tr><td></td><td colspan="2"></td><td colspan="3"></td></tr>
<tr><td></td><td colspan="2"></td><td colspan="3"></td></tr>
<tr><td></td><td colspan="2"></td><td colspan="3"></td></tr>
<tr><td></td><td colspan="2"></td><td colspan="3"></td></tr>
<tr><td></td><td colspan="2"></td><td colspan="3"></td></tr>
<tr><td></td><td colspan="2"></td><td colspan="3"></td></tr>
<tr><td></td><td colspan="2"></td><td colspan="3"></td></tr>
<tr><td colspan="6">□备案</td></tr>
<tr><td rowspan="2">分公司
□增设□注销</td><td>名　　称</td><td></td><td colspan="2">注册号 / 统一社会信用代码</td><td></td></tr>
<tr><td>登记机关</td><td></td><td colspan="2">登记日期</td><td></td></tr>
<tr><td rowspan="2">清组算</td><td>成　　员</td><td colspan="4"></td></tr>
<tr><td>负 责 人</td><td></td><td colspan="2">联系电话</td><td></td></tr>
<tr><td>其　　他</td><td colspan="5">□董事 □监事 □经理 □章程 □章程修正案 □财务负责人 □联络员</td></tr>
</table>

续表

□申请人声明
本公司依照《公司法》《公司登记管理条例》相关规定申请登记、备案，提交材料真实有效。通过联络员登录企业信用信息公示系统向登记机关报送、向社会公示的企业信息为本企业提供、发布的信息，信息真实、有效。 法定代表人签字：　　　　　　　　　　　　　　　　　　　　公司盖章 （清算组负责人）签字：　　　　　　　　　　　　　　　　　年　月　日

公司登记（备案）申请书填写说明

注：以下“说明”供填写申请书参照使用，不需向登记机关提供。

1. 本申请书适用于有限责任公司、股份有限公司向公司登记机关申请设立、变更登记及有关事项备案。

2. 向登记机关提交的申请书只填写与本次申请有关的栏目。

3. 申请公司设立登记，填写“基本信息”栏、“设立”栏和“备案”栏有关内容及附表1“法定代表人信息”、附表2“董事、监事、经理信息”、附表3“股东（发起人）出资情况”、附表4“财务负责人信息”、附表5“联络员信息”。“申请人声明”由公司拟任法定代表人签署。

4. 公司申请变更登记，填写“基本信息”栏及“变更”栏有关内容。“申请人声明”由公司原法定代表人或者拟任法定代表人签署并加盖公司公章。申请变更同时需要备案的，同时填写“备案”栏有关内容。申请公司名称变更，在名称中增加“集团或（集团）”字样的，应当填写集团名称、集团简称（无集团简称的可不填）；申请公司法定代表人变更的，应填写、提交拟任法定代表人信息（附表1“法定代表人信息”）；申请股东变更的，应填写、提交附表3“股东（发起人）出资情况”。变更项目可加行续写或附页续写。

5. 公司增设分公司应向原登记机关备案，注销分公司可向原登记机关备案。填写“基本信息”栏及“备案”栏有关内容，“申请人声明”由法定代表人签署并加盖公司公章。“分公司增设/注销”项可加行续写或附页续写。

6. 公司申请章程修订或其他事项备案，填写“基本信息”栏、“备案”栏及相关附表所需填写的有关内容。申请联络员备案的，应填写附表5“联络员信息”。“申请人声明”由公司法定代表人签署并加盖公司公章；申请清算组备案的，“申请人声明”由公司清算组负责人签署。

7. 办理公司设立登记填写名称预先核准通知书文号，不填写注册号或统一社会信用代码。办理变更登记、备案填写公司注册号或统一社会信用代码，不填写名称预先核准通知书文号。

8. 公司类型应当填写“有限责任公司”或“股份有限公司”。其中，国有独资公司应当填写“有限责任公司（国有独资）”；一人有限责任公司应当注明“一人有限责任公司（自然人独资）”或“一人有限责任公司（法人独资）”。

9. 股份有限公司应在“设立方式”栏选择填写“发起设立”或者“募集设立”。有限责任公司无须填写此项。

10. “经营范围”栏应根据公司章程、参照《国民经济行业分类》国家标准及有关规定填写。

11. 申请人提交的申请书应当使用A4型纸。依本表打印生成的，使用黑色钢笔或签字笔签署；手工填写的，使用黑色钢笔或签字笔工整填写、签署。

附表1

法定代表人信息

姓名		固定电话	
移动电话		电子邮箱	
身份证件类型		身份证件号码	

（身份证复印件粘贴处）

法定代表人签字： 年 月 日

附表2

董事、监事、经理信息

<table>
<tr><td>姓名_____职务_____身份证件类型_____身份证件号码_______________

（身份证件复印件粘贴处）</td></tr>
<tr><td>姓名_____职务_____身份证件类型_____身份证件号码_______________

（身份证件复印件粘贴处）</td></tr>
<tr><td>姓名_____职务_____身份证件类型_____身份证件号码_______________

（身份证件复印件粘贴处）</td></tr>
</table>

附表3

股东（发起人）出资情况

股东（发起人）名称或姓名	证件类型	证件号码	出资时间	出资方式	认缴出资额（万元）	出资比例

附表4

财务负责人信息

姓名		固定电话	
移动电话		电子邮箱	
身份证件类型		身份证件号码	
（身份证件复印件粘贴处）			

附表5

联络员信息

姓名		固定电话	
移动电话		电子邮箱	
身份证件类型		身份证件号码	
（身份证件复印件粘贴处）			

注：联络员主要负责本企业与企业登记机关的联系沟通，以本人个人信息登录企业信用信息公示系统依法向社会公示本企业有关信息等。联络员应了解企业登记相关法规和企业信息公示有关规定，熟悉操作企业信用信息公示系统。

表 8.7

全体投资人承诺书

现向登记机关申请______（企业名称）的简易注销登记，并郑重承诺：

本企业申请注销登记前未发生债权债务/已将债权债务清算完结，不存在未结清清算费用、职工工资、社会保险费用、法定补偿金和未交清的应缴纳税款及其他未了结事务，清算工作已全面完结。

本企业承诺申请注销登记时不存在以下情形：涉及国家规定实施准入特别管理措施的外商投资企业；被列入企业经营异常名录或严重违法失信企业名单的；存在股权（投资权益）被冻结、出质或动产抵押等情形;有正在被立案调查或采取行政强制、司法协助、被予以行政处罚等情形的；企业所属的非法人分支机构未办理注销登记的；曾被终止简易注销程序的；法律、行政法规或者国务院决定规定在注销登记前需经批准的；不适用企业简易注销登记的其他情形。

本企业全体投资人对以上承诺的真实性负责，如果违法失信，则由全体投资人承担相应的法律后果和责任，并自愿接受相关行政执法部门的约束和惩戒。

全体投资人签字（盖章）：

年 月 日

三、股份有限公司设立登记

股份有限公司设立登记服务对象、办理机构等内容如表8.8所示。

表 8.8

股份有限公司设立登记服务对象、办理机构等内容

项 目	内 容
服务对象	企业法人、事业法人
办理机构	国家工商总局企业注册局
受理方式	现场受理；网上申报，现场受理
办理时限	20个工作日（从受理之日起至核准或者驳回）
办理结果	营业执照
告知方式	手机短信提示

（一）办理依据

《公司法》《公司登记管理条例》。

（二）申请条件

（1）股东符合法定人数。

（2）有符合公司章程规定的全体股东认缴的出资额。

（3）股东共同制定公司章程。

（4）有公司名称，建立符合有限责任公司要求的组织机构。

（5）有公司住所。

设立股份有限公司，应当有二人以上二百人以下为发起人，其中须有半数以上的发起人在中国境内有住所。

（三）申请材料

（1）《公司登记（备案）申请书》。

（2）《指定代表或者共同委托代理人授权委托书》及指定代表或委托代理人的身份证件复印件。

（3）由会议主持人和出席会议的董事签署的股东大会会议记录（募集设立的提交创立大会的会议记录）。

（4）全体发起人签署或者出席股东大会或创立大会的董事签字的公司章程。

（5）发起人的主体资格证明或者自然人身份证件复印件。

① 发起人为企业的，提交营业执照复印件。

② 发起人为事业法人的，提交事业法人登记证书复印件。

③ 发起人股东为社团法人的，提交社团法人登记证复印件。

④ 发起人为民办非企业单位的，提交民办非企业单位证书复印件。

⑤ 其他发起人提交有关法律、法规规定的资格证明。

（6）募集设立的股份有限公司提交依法设立的验资机构出具的验资证明。涉及发起人首次出资是非货币财产的，提交已办理财产权转移手续的证明文件。

（7）董事、监事和经理的任职文件及身份证件复印件。

依据《公司法》和公司章程的规定，提交由会议主持人和出席会议的董事签署的股东大会会议记录（募集设立的提交创立大会的会议记录）、董事会决议或其他相关材料。其中股东大会会议记录（创立大会会议记录）可以与第3项合并提交；董事会决议由公司董事签字。

（8）法定代表人任职文件（公司董事签字的董事会决议）及身份证件复印件。

（9）住所使用证明。

（10）《企业名称预先核准通知书》。

（11）募集设立的股份有限公司公开发行股票的应提交国务院证券监督管理机构的核准文件。

（12）法律、行政法规和国务院决定规定设立股份有限公司必须报经批准的，提交有关批准文件或者许可证件复印件。

（13）公司申请登记的经营范围中有法律、行政法规和国务院决定规定必须在登记前报经批准的项目，提交有关批准文件或者许可证件复印件。

（14）《承诺书》。

说明：

（1）办理企业名称预先核准、登记、备案等，可登录国家工商行政管理总局网（http://www.saic.gov.cn）或中国企业登记网（http://qyj.saic.gov.cn）下载相关表格。

（2）提交的申请书与其他申请材料应当使用A4型纸。

（3）提交材料未注明提交复印件的，应当提交原件；提交复印件的，应当注明“与原件一致”，并由申请人签署，或者由其指定的代表或共同委托的代理人加盖公章或签字。

（4）提交材料涉及签署的，未注明签署人的，自然人由本人签字；法人和其他组织由法定代表人或负责人签字，并加盖公章。

（四）办理流程

国家工商总局企业注册局已开通企业登记全程电子化系统（试运行），申请人可以通过该系统办理企业设立、变更、备案、注销登记业务。操作方法如下。

1. 登录系统

企业登记网上注册申请系统打开有以下三种渠道。

第一种：单击国家工商行政管理总局网导航栏的“服务”位置，在弹出的下拉菜单“办事大厅-办事系统”栏目中，登录企业登记网上注册申请业务系统（以下简称“网上注册系统”）。

第二种：单击国家工商行政管理总局网首页下方“办事系统”栏中的“企业登记网上注册申请业务系统”，登录网上注册系统。

第三种：单击中国企业登记网首页下方“企业办事”栏目中的“在线申报”，登录网上注册系统。

注意：已经注册为用户的，输入用户名、密码后单击“登录”按钮进入；未注册为用户的，需先注册为用户。

2. 选择类型

根据所办业务，选择“企业设立申请”“企业变更申请”“企业备案申请”或“企业注销申请”模块，进入业务申请环境。

注意：同一企业一次只能选择一种业务类型，待申请的业务办理结束后，方可再次申请业务办理。企业变更同时需要办理备案业务的，应当选择“企业变更申请”，该业务类型会将变更、备案一并处理；只办理备案的，应当选择“企业备案申请”模块。

3. 填写信息

“企业设立申请”业务：企业需要选择申请的企业类型、输入名称预先核准通知书文号或者企业名称，单击“查询”按钮提取申请的企业信息，然后对未填写的信息进行补录，单击页面的“下一步”按钮继续操作，在“其他信息”页面的对应该页面的材料清单上传扫描材料，并在该材料清单前打钩表示需要提交审核。

注意：*表示必填。开始进行信息填写时通过单击“下一步”按钮进行页面切换，所有信息都已经填报完成后单击“下一步”按钮或页签进行页面切换。在系统中填写的信息要真实有效，以保证通过系统打印的文书内容无误；要求填写的手机号可接收短信，以保证申请人及时了解业务办结情况。“其他信息”页面授权委托人电话务必填写正确的手机号，确保及时接收关于申请业务的短信提示。

4. 上传文件（PDF格式）

选择所需提交的文件目录，根据目录显示对应上传已经签字（盖章）材料的PDF格式扫描件。

注意：目录中如果缺少需提交文件，可通过“添加材料”按钮，自行录入材料名录，增加材料目录信息。对材料目录前的“□”打钩，上传的材料才能被提交，否则不会通过网络将上传的材料提交审核。电子材料需要加盖公章，扫描为PDF格式上传到系统中。

5. 检查提交

对填报信息和上传材料进行预览，再次确认填写信息后，单击“检查”按钮，系统会对申请人填写的信息和上传的附件材料进行初步检查；检查通过后单击“提交”按钮，通过互联网将申请业务提交至工商行政管理总局业务部门进行审查。检查不通过的，申请人需根据提示修改填报信息，直至业务检查通过方可将申请业务提交至业务部门审查。在“预览”页面单击“检查”按钮，整体再查看填报的企业信息，检查无误后单击“提交”按钮，完成网上业务申请提交。

注意：业务状态为“已提交待预审”，表示业务已经提交成功，此时申报信息只能查看，不能修改。

6. 查看反馈

登录系统，单击“我的业务申请”按钮，系统会列出已提交审核的企业名称。如某个企业名称的“申请状态”为“退回修改”的，应当单击“操作”栏中的“查看”按钮，查看具体修改意见，并按照修改要求返回，单击“操作”栏中的“修改”按钮，修改相关信息，再次提交；也可以单击“操作”栏中的“删除”按钮，删除该项申请。“申请状态”为“驳回”的，此次申请未获成功，可以单击“查看”按钮，查看驳回理由，并根据驳回意见重新申请。审查意见为“拟同意”的，表示业务处于审核中，申请信息可查看，不可以修改。

7. 现场交件

登录系统，单击“我的业务申请”按钮，查看申请的企业名称申请状态，如显示为“已办理成功”，根据手机短信提示到相应注册大厅相应窗口提交纸质材料。

注意：需根据要求对打印出的纸质材料进行签字盖章，确保与系统中电子材料一致。

8. 领取执照

纸质材料被审查同意后，领取核准通知书、营业执照。

（五）收费标准及依据

不收费。

（六）尝试完成表格填写

（1）《承诺书》（见表8.5）。

（2）《公司登记（备案）申请书》（见表8.6）。

（3）《全体投资人承诺书》（见表8.7）。

（4）《指定代表或者共同委托代理人授权委托书》（见表8.3）。

项目 9

税务登记训练

你的目标

企业办理工商登记后，必须办理税务登记才能进行生产经营。税务登记又称纳税登记，它是税务机关对纳税人的开业、变动、停业以及生产经营范围变化实行法定登记的一项管理制度。通过该实践应掌握办理税务登记的程序、内容、方法以及相关要求。

学做合一

一、单位纳税人设立登记

1. 事项描述

单位纳税人、合伙企业、个人独资企业、一人有限责任公司、外国企业常驻代表机构申报办理税务登记，持有加载统一社会信用代码的营业执照纳税人除外。

本事项为国税、地税通用业务。

2. 受理部门

主管税务机关办税服务厅（场所）。

地址：所在地主管税务机关办税服务厅（场所），具体地址可在各地税务机关官方网站查询，或拨打12366纳税服务热线查询。

联系电话：可在各地税务机关官方网站查询，或拨打12366纳税服务热线查询。

3. 办理时限

（1）纳税人办理时限。从事生产、经营的纳税人未办理工商营业执照但经有关部门批准设立的，应当自有关部门批准设立之日起30日内申报办理税务登记。

（2）税务机关办理时限。报送资料齐全、符合法定形式、填写内容完整的，受理后即时办结。

4. 报送资料

单位纳税人设立登记报送资料如表9.1所示。

5. 办理流程

单位纳税人设立登记办理流程如图9.1所示。

表 9.1

单位纳税人设立登记报送资料

序号	资料名称	原件/复印件	份数	备　注
1	《税务登记表（适用单位纳税人）》	原件	2	
2	其他核准执业证件	原件及复印件	1	原件核对后退还
3	组织机构代码证书	原件及复印件	1	原件核对后退还
4	有关合同、章程、协议书	复印件	1	
5	法定代表人（负责人）居民身份证、护照或其他证明身份的合法证件	原件及复印件	1	原件核对后退还

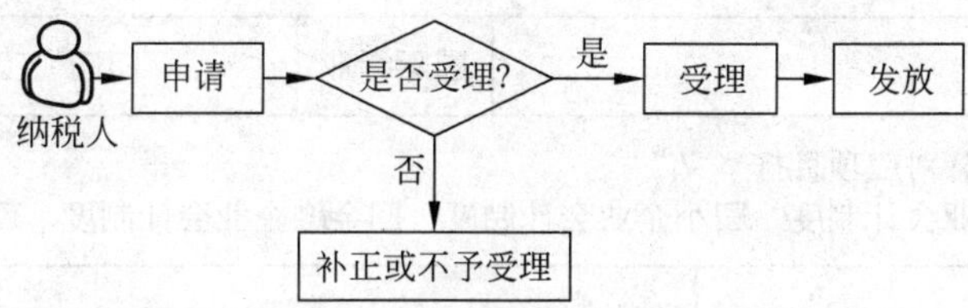

图9.1　单位纳税人设立登记办理流程

6. 政策依据

《税务登记管理办法》（国家税务总局令第36号）。

《国家税务总局关于进一步完善税务登记管理有关问题的公告》(国家税务总局公告2011年第21号）。

《国家税务总局关于推进工商营业执照、组织机构代码证和税务登记证“三证合一”改革的若干意见》(税总发〔2014〕152号）。

《国家税务总局关于支持中国（上海）自由贸易试验区创新税收服务的通知》（税总函〔2014〕298号）。

7. 温馨提示

您在办理税务登记证件后，请在15日内将财务、会计制度或者财务、会计处理办法报送主管税务机关备案。您可以持税务登记证件去申请办理发票领用等涉税事宜，并请按时履行申报纳税义务。

8. 尝试完成表格

《税务登记表（适用单位纳税人）》(见表9.2）。

表 9.2

税务登记表
（适用单位纳税人）

填表日期：

纳税人名称		纳税人识别号	
登记注册类型		批准设立机关	
组织机构代码		批准设立证明或文件号	

开业（设立）日期		生产经营期限		证照名称		证照号码	
注册地址				邮政编码		联系电话	
生产经营地址				邮政编码		联系电话	

核算方式	请选择对应项目打“√”□独立核算 □非独立核算	从业人数	___其中外籍人数___
单位性质	请选择对应项目打“√”□企业 □事业单位 □社会团体 □民办非企业单位 □其他		
网站网址		国际行业	□□ □□ □□ □□
适用会计制度	请选择对应项目打“√” □企业会计制度 □小企业会计制度 □金融企业会计制度 □行政事业单位会计制度		

经营范围	请将法定代表人（负责人）身份证件复印件粘贴在此处。

项目与内容 / 联系人	姓名	身份证件		固定电话	移动电话	电子邮箱
		种类	号码			
法定代表人（负责人）						
财务负责人						
办税人						

税务代理人名称	纳税人识别号	联系电话	电子邮箱

注册资本或投资总额	币种	金额	币种	金额	币种	金额

续表

投资方名称	投资方经济性质	投资比例	证件种类	证件号码	国籍或地址
自然人投资比例		外资投资比例		国有投资比例	

分支机构名称	注册地址	纳税人识别号

总机构名称		纳税人识别号	
注册地址		经营范围	

法定代表人姓名		联系电话		注册地址邮政编码	

代扣代缴、代收代缴税款业务情况	代扣代缴、代收代缴税款业务内容	代扣代缴、代收代缴税种

附报资料：

经办人签章： _____年___月___日	法定代表人（负责人）签章： _____年___月___日	纳税人公章： _____年___月___日

续表

以下由税务机关填写：

<table>
<tr><td>纳税人所处街乡</td><td colspan="3"></td><td>隶属关系</td><td></td></tr>
<tr><td>国税主管税务局</td><td></td><td>国税主管税务所（科）</td><td></td><td rowspan="2">是否属于国税、地税共管户</td><td></td></tr>
<tr><td>地税主管税务局</td><td></td><td>地税主管税务所（科）</td><td></td><td></td></tr>
<tr><td colspan="2">经办人(签章)：
国税经办人：________
地税经办人：________

受理日期：
____年___月___日</td><td colspan="2">国家税务登记机关
（税务登记专用章）：

核准日期：
____年___月___日
国税主管税务机关：</td><td colspan="2">地方税务登记机关
（税务登记专用章）：

核准日期：
____年___月___日
地税主管税务机关：</td></tr>
<tr><td colspan="6">国税核发《税务登记证副本》数量：　本　发证日期：____年___月___日</td></tr>
<tr><td colspan="6">地税核发《税务登记证副本》数量：　本　发证日期：____年___月___日</td></tr>
</table>

国家税务总局监制

二、扣缴税款登记

1. 事项描述

以下根据税收法律、行政法规的规定负有扣缴税款义务的扣缴义务人，应当办理扣缴税款登记。

（1）已办理税务登记的扣缴义务人。

（2）根据税收法律、行政法规的规定可不需办理税务登记的扣缴义务人。

（3）非居民在中国境内发生增值税应税行为、未设立经营机构，以代理人为扣缴义务人。

（4）非居民在中国境内发生增值税应税行为、未设立经营机构且无代理人，以工程作业发包方、劳务受让方或购买方为扣缴义务人。

（5）其他依法负有扣缴义务的单位和个人。

本事项为国税、地税通用业务。

2. 受理部门

主管税务机关办税服务厅（场所）。

地址：所在地主管税务机关办税服务厅（场所），具体地址可在各地税务机关官方网站查询，或拨打12366纳税服务热线查询。

联系电话：可在各地税务机关官方网站查询，或拨打12366纳税服务热线查询。

3. 办理时限

（1）纳税人办理时限。扣缴义务人应当自扣缴义务发生之日起30日内，向所在地的主管税务机关申报办理扣缴税款登记。

（2）税务机关办理时限。报送资料齐全、符合法定形式、填写内容完整的，受理后即时办结。

4. 报送资料

（1）办理扣缴非个人所得税登记事项的纳税人提供资料如表9.3所示。

表 9.3

办理扣缴非个人所得税登记事项的纳税人提供资料

序号	资 料 名 称	原件/复印件	份数	备 注
1	《扣缴义务人登记表》	原件及复印件	2	
2	《税务登记证》（副本）	原件	1	原件核对后退还
3	组织机构代码证书副本	原件及复印件	1	提供原件核对后退还，已取得税务登记证纳税人无须提供

（2）办理扣缴个人所得税登记事项的纳税人提供资料如表9.4所示。

表 9.4

办理扣缴个人所得税登记事项的纳税人提供资料

序号	资 料 名 称	原件/复印件	份数	备 注
1	《个人所得税扣缴税款登记表》	原件及复印件	2	
2	《税务登记证》（副本）	原件	1	原件核对后退还
3	组织机构代码证书副本	原件及复印件	1	提供原件核对后退还，已取得税务登记证纳税人无须提供

5. 办理流程

扣缴税款登记办理流程如图9.2所示。

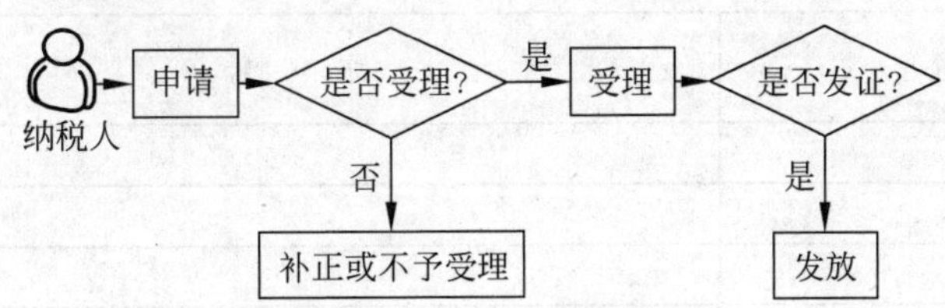

图9.2　扣缴税款登记办理流程

6. 政策依据

《中华人民共和国税收征收管理法实施细则》（中华人民共和国国务院令〔2002〕第362号）。

《非居民承包工程作业和提供劳务税收管理暂行办法》（国家税务总局令〔2009〕第19号）。

《国家税务总局关于修改〈税务登记管理办法〉的决定》（国家税务总局令第36号）。

《国家税务总局关于完善税务登记管理若干问题的通知》（国税发〔2006〕37号）。

《国家税务总局关于换发税务登记证件的通知》（国税发〔2006〕38号）。

《国家税务总局关于印发〈非居民企业所得税源泉扣缴管理暂行办法〉的通知》（国税发〔2009〕3号）。

《国家税务总局关于印发〈境外注册中资控股居民企业所得税管理办法（试行）〉的公告》（国家税务总局公告〔2011〕第45号）。

《财政部 国家税务总局关于在全国开展交通运输业和部分现代服务业营业税改征增值税试点税收政策的通知》（财税〔2013〕37号）。

7. 温馨提示

扣缴义务人应当自税收法律、行政法规规定的扣缴义务发生之日起10日内，按照所代扣、代收的税种，分别设置代扣代缴、代收代缴税款账簿。

税务机关对已办理税务登记的扣缴义务人，可以只在其税务登记证件上登记扣缴税款事项，不再发给扣缴税款登记证件。

8. 尝试完成表格

（1）《扣缴义务人登记表》（见表9.5）。

（2）《个人所得税扣缴税款登记表》（见表9.6）。

表 9.5

扣缴义务人登记表

<table>
<tr><td rowspan="2">扣缴义务人
名称</td><td rowspan="2"></td><td colspan="2">组织机构统一代码</td><td colspan="2"></td></tr>
<tr><td colspan="2">纳税人识别号</td><td colspan="2"></td></tr>
<tr><td>法定代表人
（负责人）</td><td></td><td>身份证件
名称</td><td></td><td>证件号码</td><td></td></tr>
<tr><td>地址</td><td colspan="3"></td><td>邮政编码</td><td></td></tr>
<tr><td>财务负责人</td><td colspan="3"></td><td>联系电话</td><td></td></tr>
<tr><td>行业</td><td colspan="5"></td></tr>
<tr><td colspan="2">开户银行</td><td colspan="3">账　　号</td><td>是否是缴
税账号</td></tr>
<tr><td colspan="2"></td><td colspan="3"></td><td></td></tr>
<tr><td colspan="2"></td><td colspan="3"></td><td></td></tr>
<tr><td colspan="2"></td><td colspan="3"></td><td></td></tr>
<tr><td colspan="2"></td><td colspan="3"></td><td></td></tr>
<tr><td colspan="2"></td><td colspan="3"></td><td></td></tr>
<tr><td>代扣代缴、代收
代缴税款的业务
内容</td><td colspan="5"></td></tr>
<tr><td colspan="6">扣缴义务人

经办人：　　　　法定代表人（负责人）：　　　　扣缴义务人（签章）
年　月　日</td></tr>
</table>

续表

<table>
<tr><td colspan="4">税务机关</td></tr>
<tr><td colspan="2">是否办理税务登记</td><td colspan="2">是否发放扣缴税款登记证件</td></tr>
<tr><td>□是</td><td>□否</td><td>□是</td><td>□否</td></tr>
<tr><td colspan="4">经办人：　　负责人：　　税务机关（签章）
年　月　日</td></tr>
</table>

表 9.6

个人所得税扣缴税款登记表

填表日期：　年　月　日

<table>
<tr><td colspan="3">扣缴义务人识列号</td><td colspan="4"></td></tr>
<tr><td colspan="3">扣缴义务人名称</td><td colspan="4"></td></tr>
<tr><td colspan="3">单位地址及邮编</td><td colspan="4"></td></tr>
<tr><td colspan="3">扣缴义务人类型</td><td colspan="4"></td></tr>
<tr><td rowspan="2">法定代表人（负责人）</td><td colspan="2">姓名</td><td colspan="4"></td></tr>
<tr><td colspan="2">联系电话</td><td colspan="4"></td></tr>
<tr><td colspan="3">行业</td><td colspan="4"></td></tr>
<tr><td rowspan="2">账务主管人</td><td colspan="2">姓名</td><td colspan="4"></td></tr>
<tr><td colspan="2">联系电话</td><td colspan="4"></td></tr>
<tr><td colspan="3">职工人数</td><td colspan="4"></td></tr>
<tr><td colspan="2">银行开户登记号</td><td></td><td colspan="2">发证日期</td><td colspan="2">年　月　日</td></tr>
</table>

账户性质	开户银行	账号	开户时间	变更时间	注销时间	备注

国家税务总局监制

注：账户性质按照基本账户、一般账户、专用账户、临时账户如实填写。

项目10 纳税申报训练

你的目标

能正确填写纳税申报表，掌握纳税申报的流程、期限、内容、方法及法则等。

学做合一

一、增值税一般纳税人申报

1. 事项描述

增值税一般纳税人依照税收法律、法规及相关规定确定的申报期限、申报内容申报缴纳增值税。

本事项为国税业务。

2. 受理部门

主管税务机关办税服务厅（场所）。

地址：所在地主管税务机关办税服务厅（场所），具体地址可在各地税务机关官方网站查询，或拨打12366纳税服务热线查询。

联系电话：可在各地税务机关官方网站查询，或拨打12366纳税服务热线查询。

3. 办理时限

（1）纳税人办理时限。增值税的纳税期限分别为1日、3日、5日、10日、15日、1个月或者1个季度。纳税人的具体纳税期限，由主管税务机关根据纳税人应纳税额的大小分别核定；不能按照固定期限纳税的，可以按次纳税。

纳税人以1个月或者1个季度为1个纳税期的，自期满之日起15日内申报纳税；以1日、3日、5日、10日或者15日为1个纳税期的，自期满之日起5日内预缴税款，于次月1日起15日内申报纳税并结清上月应纳税款。

纳税人进口货物，应当自海关填发海关进口增值税专用缴款书之日起15日内缴纳税款。

（2）税务机关办理时限。报送资料齐全、符合法定形式、填写内容完整，受理后即时办结。

4. 报送资料

增值税一般纳税人申报报送资料如表10.1所示。

表 10.1

增值税一般纳税人申报报送资料

序号	资 料 名 称	原件/复印件	份数	备注
1	《增值税纳税申报表（一般纳税人适用）》及附列资料	原件	3	

5. 基本流程

增值税一般纳税人申报基本流程如图10.1所示。

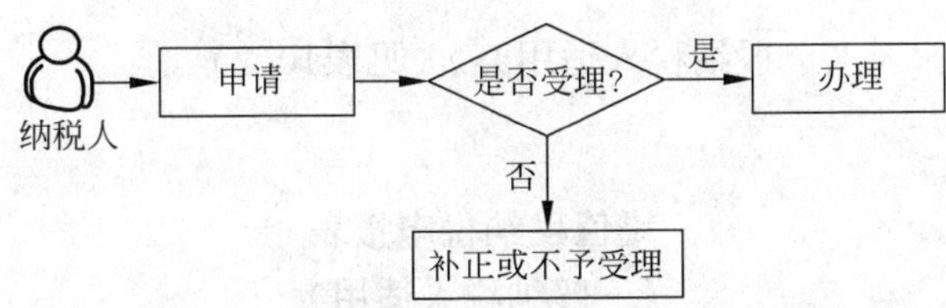

图10.1 增值税一般纳税人申报基本流程

6. 政策依据

《中华人民共和国增值税暂行条例实施细则》（财政部、国家税务总局令第50号）。

《成品油零售加油站增值税征收管理办法》（国家税务总局令第2号）。

《电力产品增值税征收管理办法》（国家税务总局令第10号）。

《国家税务总局关于在部分行业试行农产品增值税进项税额核定扣除办法有关问题的公告》（国家税务总局公告2012年第35号）。

《国家税务总局关于调整增值税纳税申报有关事项的公告》（国家税务总局公告2013年32号）。

《国家税务总局关于铁路运输和邮政业营业税改征增值税后纳税申报有关事项的公告》（国家税务总局公告2014年第7号）。

《国家税务总局关于调整增值税纳税申报有关事项的公告》（国家税务总局公告2014年第45号）。

《国家税务总局关于重新发布〈营业税改征增值税跨境应税服务增值税免税管理办法（试行）〉的公告》（国家税务总局公告2014年第49号）。

《国家税务总局关于调整增值税纳税申报有关事项的公告》（国家税务总局公告2014年第69号）。

《国家税务总局关于调整增值税纳税申报有关事项的公告》（国家税务总局公告2015年第23号）。

《财政部 国家税务总局关于将铁路运输和邮政业纳入营业税改征增值税试点的通知》（财税〔2013〕106号）。

《国家税务总局关于推行机动车销售统一发票税控系统有关工作的紧急通知》（国税发〔2008〕117号）。

《国家税务总局关于调整增值税纳税申报有关事项的通知》（国税函〔2008〕1075号）。

《国家税务总局关于印发〈增值税一般纳税人纳税辅导期管理办法〉的通知》（国税发〔2010〕40号）。

7. 温馨提示

（1）纳税人、扣缴义务人可以直接到税务机关办理纳税申报，也可以按照规定采取邮寄、数据电文或者其他方式办理上述申报、报送事项。

（2）纳税人采取电子方式办理纳税申报的，应当按照税务机关规定的期限和要求保存有关资料，并定期书面报送主管税务机关。

8. 尝试完成表格

《增值税纳税申报表（一般纳税人适用）》（见表10.2）。

表 10.2

增值税纳税申报表
（一般纳税人适用）

根据《中华人民共和国增值税暂行条例》和《交通运输业和部分现代服务业营业税改征增值税试点实施办法》的规定制定本表。纳税人不论有无销售额，均应按主管税务机关核定的纳税期限按期填报本表，并向当地税务机关申报。

税款所属时间：自　　年　月　日至　　年　月　日　　填表日期：　　年　月　日　　金额单位：

纳税人识别号				所属行业		
纳税人名称	（公章）	法定代表人姓名		注册地址		营业地址
开户银行及账号		企业登记注册类型			电话号码	

项目		栏次	一般货物及劳务和应税服务		即征即退货物及劳务和应税服务	
			本月数	本年累计	本月数	本年累计
销售额	（一）按适用税率征税销售额	1				
	其中：应税货物销售额	2				
	应税劳务销售额	3				
	纳税检查调整的销售额	4				
	（二）按简易征收办法征税销售额	5				
	其中：纳税检查调整的销售额	6				
	（三）免、抵、退办法出口销售额	7			—	—
	（四）免税销售额	8			—	—
	其中：免税货物销售额	9			—	—
	免税劳务销售额	10			—	—

续表

项目		栏次	一般货物及劳务和应税服务		即征即退货物及劳务和应税服务	
			本月数	本年累计	本月数	本年累计
税款计算	销项税额	11				
	进项税额	12				
	上期留抵税额	13				—
	进项税额转出	14				
	免、抵、退应退税额	15			—	—
	按适用税率计算的纳税检查应补缴税额	16			—	—
	应抵扣税额合计	17=12+13−14−15+16		—		—
	实际抵扣税额	18(如17＜11，则为17，否则为11)				
	应纳税额	19=11−18				
	期末留抵税额	20=17−18				—
	简易征收办法计算的应纳税额	21				
	按简易征收办法计算的纳税检查应补缴税额	22			—	—
	应纳税额减征额	23				
	应纳税额合计	24=19+21−23				
税款缴纳	期初未缴税额（多缴为负数）	25				
	实收出口开具专用缴款书退税额	26			—	—
	本期已缴税额	27=28+29+30+31				
	① 分次预缴税额	28		—		—
	② 出口开具专用缴款书预缴税额	29		—		—
	③ 本期缴纳上期应纳税额	30				
	④ 本期缴纳欠缴税额	31				
	期末未缴税额（多缴为负数）	32=24+25+26−27				
	其中：欠缴税额（≥0）	33=25+26−27		—		—
	本期应补(退)税额	34=24−28−29		—		—
	即征即退实际退税额	35	—	—		
	期初未缴查补税额	36			—	—
	本期入库查补税额	37			—	—
	期末未缴查补税额	38=16+22+36−37			—	—
授权声明	如果你已委托代理人申报，请填写下列资料： 为代理一切税务事宜，现授权 （地址）为本纳税人的代理申报人，任何与本 申报表有关的往来文件，都可寄予此人。 授权人签字：		申报人声明	此纳税申报表是根据《中华人民共和国增值税暂行条例》的规定填报的，我相信 它是真实的、可靠的、完整的。 声明人签字：		

以下由税务机关填写：

收到日期：　　　　接收人：　　　　主管税务机关盖章：

二、增值税小规模纳税人（非定期定额户）申报

1. 事项描述

增值税小规模纳税人依照税收法律、法规及相关规定确定的申报期限、申报内容申报缴纳增值税。

本事项为国税业务。

2. 受理部门

主管税务机关办税服务厅（场所）。

地址：所在地主管税务机关办税服务厅(场所)，具体地址可在各地税务机关官方网站查询，或拨打12366纳税服务热线查询。

联系电话：可在各地税务机关官方网站查询，或拨打12366纳税服务热线查询。

3. 办理时限

（1）纳税人办理时限。增值税的纳税期限分别为1日、3日、5日、10日、15日、1个月或者1个季度。纳税人的具体纳税期限，由主管税务机关根据纳税人应纳税额的大小分别核定；不能按照固定期限纳税的，可以按次纳税。

纳税人以1个月或者1个季度为1个纳税期的，自期满之日起15日内申报纳税；以1日、3日、5日、10日或者15日为1个纳税期的，自期满之日起5日内预缴税款，于次月1日起15日内申报纳税并结清上月应纳税款。

纳税人进口货物，应当自海关填发海关进口增值税专用缴款书之日起15日内缴纳税款。

（2）税务机关办理时限。报送资料齐全、符合法定形式、填写内容完整，受理后即时办结。

4. 报送资料

增值税小规模纳税人（非定期定额户）申报报送资料如表10.3所示。

表 10.3

增值税小规模纳税人（非定期定额户）申报报送资料

序号	资 料 名 称	原件/复印件	份数	备注
1	《增值税纳税申报表（小规模纳税人适用）附列资料》及附表	原件	3	

5. 基本流程

增值税小规模纳税人（非定期定额户）申报基本流程如图10.2所示。

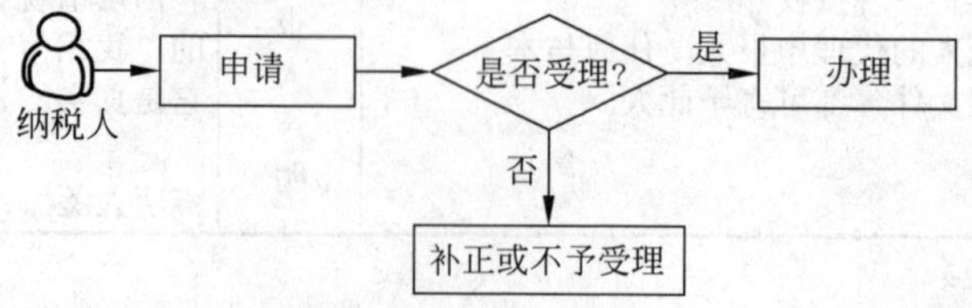

图10.2 增值税小规模纳税人（非定期定额户）申报基本流程

6. 政策依据

《中华人民共和国增值税暂行条例实施细则》（财政部、国家税务总局令第50号）。

《国家税务总局关于调整增值税纳税申报有关事项的公告》（国家税务总局公告2013年32号）。

《国家税务总局关于重新发布〈营业税改征增值税跨境应税服务增值税免税管理办法（试行）〉的公告》国家税务总局公告2014年第49号。

《国家税务总局关于调整增值税纳税申报有关事项的公告》（国家税务总局公告2014年第58号）。

《国家税务总局关于调整增值税纳税申报有关事项的公告》（国家税务总局公告2015年第23号）。

7. 温馨提示

（1）纳税人、扣缴义务人可以直接到税务机关办理纳税申报，也可以按照规定采取邮寄、数据电文或者其他方式办理上述申报、报送事项。

（2）纳税人采取电子方式办理纳税申报的，应当按照税务机关规定的期限和要求保存有关资料，并定期书面报送主管税务机关。

8. 尝试完成表格

《增值税纳税申报表（小规模纳税人适用）附列资料》（见表10.4）。

表 10.4

增值税纳税申报表（小规模纳税人适用）附列资料

税款所属期：　年　月　日至　年　月　日　　　　填表日期：　年　月　日

纳税人名称（公章）：　　　　　　　　　　　　　金额单位：

应税服务扣除额计算			
期初余额	本期发生额	本期扣除额	期末余额
1	2	3（3≤1＋2之和，且3≤5）	4＝1＋2－3
应税服务计税销售额计算			
全部含税收入	本期扣除额	含税销售额	不含税销售额
5	6=3	7＝5－6	8＝7÷1.03

填报说明

本附列资料由应税服务有扣除项目的纳税人填写，各栏次均不包含免征增值税应税服务数额。

（1）“税款所属期”是指纳税人申报的增值税应纳税额的所属时间，应填写具体的起止年、月、日。

（2）“纳税人名称”栏，填写纳税人单位名称全称。

（3）第1栏“期初余额”：填写应税服务扣除项目上期期末结存的金额，试点实施之日的税款所属期填写“0”。

（4）第2栏“本期发生额”：填写本期取得的按税法规定准予扣除的应税服务扣除项目金额。

（5）第3栏“本期扣除额”：填写应税服务扣除项目本期实际扣除的金额。

第3栏“本期扣除额”≤第1栏“期初余额”＋第2栏“本期发生额”之和，且第3栏“本期扣除额”≤第5栏“全部含税收入”

（6）第4栏“期末余额”：填写应税服务扣除项目本期期末结存的金额。

（7）第5栏“全部含税收入”：填写纳税人提供应税服务取得的全部价款和价外费用数额。

（8）第6栏“本期扣除额”：填写本附列资料第3项“本期扣除额”栏数据。

第6栏“本期扣除额”＝第3栏“本期扣除额”

（9）第7栏“含税销售额”：填写应税服务的含税销售额。

第7栏“含税销售额”＝第5栏“全部含税收入”－第6栏“本期扣除额”

（10）第8栏“不含税销售额”：填写应税服务的不含税销售额。

第8栏“不含税销售额”＝第7栏“含税销售额”÷1.03，与《增值税纳税申报表（小规模纳税人适用）》第1栏“应征增值税不含税销售额”“本期数”“应税服务”栏数据一致。

三、居民企业所得税年度纳税申报（适用查账征收）

1. 事项描述

实行查账征收企业所得税的纳税人，依照税收法律、法规及相关规定确定的申报内容，向税务机关申报年度企业所得税，并办理汇算清缴，结清应缴应退税款。

本事项为国税、地税通用业务。

2. 受理部门

主管税务机关办税服务厅（场所）。

地址：所在地主管税务机关办税服务厅（场所），具体地址可在各地税务机关官方网站查询，或拨打12366纳税服务热线查询。

联系电话：可在各地税务机关官方网站查询，或拨打12366纳税服务热线查询。

3. 办理时限

（1）纳税人办理时限。纳税申报期限为年度终了之日起5个月内或在年度中间终止经营活动的应自实际终止经营之日起60日内。

（2）税务机关办理时限。报送资料齐全、符合法定形式、填写内容完整，受理后即时办结。

4. 报送资料

居民企业所得税年度纳税申报（适用查账征收）报送资料如表10.5所示。

表 10.5

居民企业所得税年度纳税申报（适用查账征收）报送资料

序号	资 料 名 称	原件/复印件	份数	备注
1	《中华人民共和国企业所得税年度纳税申报表（A类，2014版）封面》及附表	原件	3	
2	企业财务会计报告（利润表全集、现金流量表全集、资产负债表全集）	原件	1	

5. 基本流程

居民企业所得税年度纳税申报（适用查账征收）基本流程如图10.3所示。

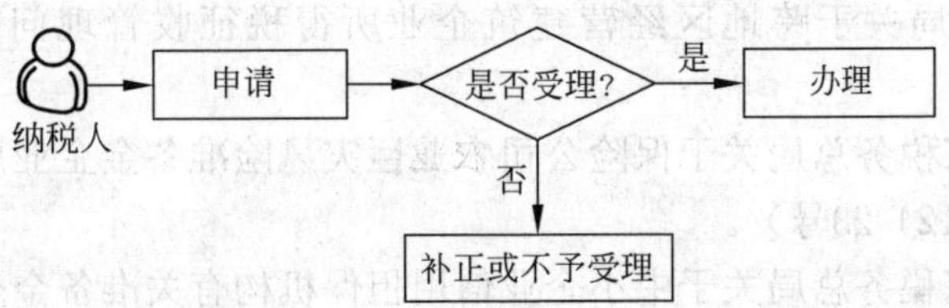

图10.3 居民企业所得税年度纳税申报（适用查账征收）基本流程

6. 政策依据

《国家税务总局关于发布〈企业境外所得税收抵免操作指南〉的公告》（国家税务总局公告2010年第1号）。

《国家税务总局关于发布〈企业资产损失所得税税前扣除管理办法〉的公告》（国家税务总局公告2011年第25号）。

《国家税务总局关于发布〈企业政策性搬迁所得税管理办法〉的公告》（国家税务总局公告2012年第40号）。

《国家税务总局关于印发〈跨地区经营汇总纳税企业所得税征收管理办法〉的公告》（国家税务总局公告2012年第57号）。

《国家税务总局关于企业政策性搬迁所得税有关问题的公告》（国家税务总局公告2013年第11号）。

《国家税务总局关于商业零售企业存货损失税前扣除问题的公告》（国家税务总局公告2014年第3号）。

《国家税务总局关于企业因国务院决定事项形成的资产损失税前扣除问题的公告》（国家税务总局公告2014年第18号）。

《国家税务总局关于房地产开发企业成本对象管理问题的公告》（国家税务总局公告2014年第35号）。

《国家税务总局关于居民企业报告境外投资和所得信息有关问题的公告》（国家税务总局公告2014年第38号）。

《中华人民共和国企业所得税年度纳税申报表（A类，2014年版）》（国家税务总局公告〔2014〕63号）。

《国家税务总局关于发布《中华人民共和国企业所得税月（季）度预缴纳税申报表（2015年版）等报表》的公告》（国家税务总局公告 2015年第31号）。

《国家税务总局关于非货币性资产投资企业所得税有关征管问题的公告》（国家税务总局公告 2015年第33号）。

《特别纳税调整实施办法（试行）》（国税发〔2009〕2号）。

《财政部 国家税务总局关于企业手续费及佣金支出税前扣除政策的通知》（财税〔2009〕29号）。

《国家税务总局关于印发〈房地产开发经营业务企业所得税处理办〉的通知》（国税发〔2009〕31号）。

《国家税务总局关于印发〈企业所得税汇算清缴管理办法〉的通知》（国税发〔2009〕79号）。

《国家税务总局关于跨地区经营建筑企业所得税征收管理问题的通知》（国税函〔2010〕156号）。

《财政部 国家税务总局关于保险公司农业巨灾风险准备金企业所得税税前扣除政策的通知》（财税〔2012〕23号）。

《财政部 国家税务总局关于中小企业信用担保机构有关准备金企业所得税税前扣除政策的通知》（财税〔2012〕25号）。

《财政部 国家税务总局关于企业重组业务企业所得税处理若干问题的通知》（财税〔2009〕59号）。

《国家税务总局关于发布〈企业重组业务企业所得税管理办法〉的公告》（国家税务总局公告2010年第4号）。

《财政部国家税务总局关于非货币性资产投资企业所得税政策问题的通知》（财税〔2014〕116号）。

《财政部国家税务总局关于促进企业重组有关企业所得税处理问题的通知》（财税〔2014〕109号）。

《关于企业重组业务企业所得税征收管理若干问题的公告》（国家税务总局公告2015年第48号）。

7. 温馨提示

（1）纳税人、扣缴义务人可以直接到税务机关办理纳税申报，也可以按照规定采取邮寄、数据电文或者其他方式办理上述申报、报送事项。

（2）纳税人采取电子方式办理纳税申报的，应当按照税务机关规定的期限和要求保存有关资料，并定期书面报送主管税务机关。

8. 尝试完成表格

（1）《中华人民共和国企业所得税年度纳税申报表（A类，2014年版）》封面（见表10.6）。

（2）企业财务会计报告：资产负债表、利润表、现金流量表（略）。

表 10.6

中华人民共和国企业所得税年度纳税申报表

（A类，2014年版）

税款所属期间：　　年　月　日至　　年　月　日

纳税人识别号：□□□□□□□□□□□□□□□□□□□□

纳税人名称：

金额单位：人民币元（列至角分）

谨声明：此纳税申报表是根据《中华人民共和国企业所得税法》《中华人民共和国企业所得税法实施条例》、有关税收政策以及国家统一会计制度的规定填报的，是真实的、可靠的、完整的。

法定代表人（签章）：　　　　年　月　日

纳税人公章： 会计主管： 填表日期：　　年　月　日	代理申报中介机构公章： 经办人： 经办人执业证件号码： 代理申报日期：　　年　月　日	主管税务机关受理专用章： 受理人： 受理日期：　　年　月　日

国家税务总局监制

填 报 说 明

《中华人民共和国企业所得税年度纳税申报表（A类，2014年版）》（以下简称申报表）适用于实行查账征收企业所得税的居民纳税人（以下简称纳税人）填报。有关项目填报说明如下。

（1）“税款所属期间”：正常经营的纳税人，填报公历当年1月1日至12月31日；纳税人年度中间开业的，填报实际生产经营之日至当年12月31日；纳税人年度中间发生合并、分立、破产、停业等情况的，填报公历当年1月1日至实际停业或法院裁定并宣告破产之日；纳税人年度中间开业且年度中间又发生合并、分立、破产、停业等情况的，填报实际生产经营之日至实际停业或法院裁定并宣告破产之日。

（2）“纳税人识别号”：填报税务机关统一核发的税务登记证号码。

（3）“纳税人名称”：填报税务登记证所载纳税人的全称。

（4）“填报日期”：填报纳税人申报当日日期。

（5）纳税人聘请中介机构代理申报的，加盖代理申报中介机构公章，并填报经办人及其执业证件号码等，没有聘请的，填报“无”。

四、居民企业所得税月（季）度预缴纳税申报（适用查账征收）

1. 事项描述

实行查账征收企业所得税的纳税人，依照税收法律、法规及相关规定确定的申报内容，向税务机关申报缴纳企业所得税。

本事项为国税、地税通用业务。

2. 受理部门

主管税务机关办税服务厅（场所）。

地址：所在地主管税务机关办税服务厅（场所），具体地址可在各地税务机关官方网站查询，或拨打12366纳税服务热线查询。

联系电话：可在各地税务机关官方网站查询，或拨打12366纳税服务热线查询。

3. 办理时限

（1）纳税人办理时限。企业应当自月份或者季度终了之日起15日内，向税务机关报送预缴企业所得税纳税申报表，预缴税款。

（2）税务机关办理时限。报送资料齐全、符合法定形式、填写内容完整，受理后即时办结。

4. 报送资料

居民企业所得税月（季）度预缴纳税申报（适用查账征收）报送资料如表10.7所示。

表 10.7

居民企业所得税月（季）度预缴纳税申报（适用查账征收）报送资料

序号	资 料 名 称	原件/复印件	份数	备注
1	《中华人民共和国企业所得税月（季）度预缴纳税申报表（A类，2015年版）》	原件	3	

5. 基本流程

居民企业所得税月（季）度预缴纳税申报（适用查账征收）基本流程如图10.4所示。

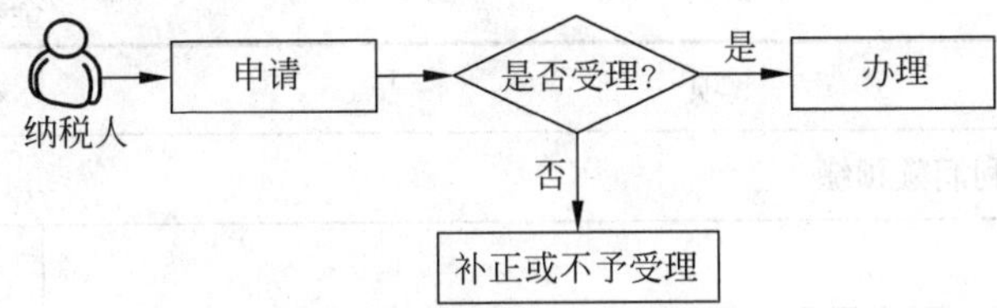

图10.4 居民企业所得税月（季）度预缴纳税申报（适用查账征收）基本流程

6. 政策依据

《中华人民共和国企业所得税法》（中华人民共和国主席令第63号）。

《国家税务总局关于居民企业报告境外投资和所得信息有关问题的公告》（国家税务总局公告2014年第38号）。

《国家税务总局关于印发〈跨地区经营汇总纳税企业所得税征收管理办法〉的公告》（国家税务总局公告2012年第57号）。

《国家税务总局关于发布〈中华人民共和国企业所得税月（季）度预缴纳税申报表（2015年版）等报表〉的公告》（国家税务总局公告 2015年第31号）。

《财政部 国家税务总局 中国人民银行关于印发〈跨省市总分机构企业所得税分配及预算管理办法〉的通知》（财预〔2012〕40号）。

《国家税务总局关于跨地区经营建筑企业所得税征收管理问题的通知》（国税函〔2010〕156号）。

《国家税务总局 中国人民银行 财政部关于跨省合资铁路企业跨地区税收分享入库有关问题的通知》（国税发〔2012〕116号）。

《国家税务总局关于修改企业所得税月（季）度预缴纳税申报表的公告》（国家税务总局公告2015年第79号）。

7. 温馨提示

（1）纳税人、扣缴义务人可以直接到税务机关办理纳税申报，也可以按照规定采取邮寄、数据电文或者其他方式办理上述申报、报送事项。

（2）纳税人采取电子方式办理纳税申报的，应当按照税务机关规定的期限和要求保存有关资料，并定期书面报送主管税务机关。

8. 尝试完成表格

《中华人民共和国企业所得税月（季）度预缴纳税申报表（A类，2015年版）》（见表10.8）。

表 10.8

中华人民共和国企业所得税月(季)度预缴纳税申报表(A类，2015年版)

税款所属期间：　　　年　月　日至　　年　月　日

纳税人识别号：□□□□□□□□□□□□□□□□□□

纳税人名称：　　　　　　　　　　　　　　　　　　　金额单位：

行次	项　目	本期金额	累计金额
1	一、按照实际利润额预缴		
2	营业收入		
3	营业成本		
4	利润总额		
5	加：特定业务计算的应纳税所得额		
6	减：不征税收入和税基减免应纳税所得额（请填附表1）		
7	固定资产加速折旧（扣除）调减额（请填附表2）		
8	弥补以前年度亏损		
9	实际利润额（4行＋5行－6行－7行－8行）		
10	税率(25%)		
11	应纳所得税额（9行×10行）		
12	减：减免所得税额（请填附表3）		
13	实际已预缴所得税额	—	
14	特定业务预缴（征）所得税额		
15	应补（退）所得税额（11行－12行－13行－14行）	—	
16	减：以前年度多缴在本期抵缴所得税额		
17	本月（季）实际应补（退）所得税额	—	
18	二、按照上一纳税年度应纳税所得额平均额预缴		
19	上一纳税年度应纳税所得额	—	
20	本月（季）应纳税所得额（19行×1/4或1/12）		
21	税率(25%)		
22	本月（季）应纳所得税额（20行×21行）		

续表

<table>
<tr><th>行次</th><th colspan="2">项　目</th><th>本期金额</th><th>累计金额</th></tr>
<tr><td>23</td><td colspan="2">减：减免所得税额(请填附表3)</td><td></td><td></td></tr>
<tr><td>24</td><td colspan="2">本月（季）实际应纳所得税额（22行－23行）</td><td></td><td></td></tr>
<tr><td>25</td><td colspan="4">三、按照税务机关确定的其他方法预缴</td></tr>
<tr><td>26</td><td colspan="2">本月（季）税务机关确定的预缴所得税额</td><td></td><td></td></tr>
<tr><td>27</td><td colspan="4">总分机构纳税人</td></tr>
<tr><td>28</td><td rowspan="4">总机构</td><td>总机构分摊所得税额(15行或24行或26行×总机构分摊预缴比例)</td><td></td><td></td></tr>
<tr><td>29</td><td>财政集中分配所得税额</td><td></td><td></td></tr>
<tr><td>30</td><td>分支机构分摊所得税额(15行或24行或26行×分支机构分摊比例)</td><td></td><td></td></tr>
<tr><td>31</td><td>其中：总机构独立生产经营部门应分摊所得税额</td><td></td><td></td></tr>
<tr><td>32</td><td rowspan="2">分支机构</td><td>分配比例</td><td></td><td></td></tr>
<tr><td>33</td><td>分配所得税额</td><td></td><td></td></tr>
<tr><td colspan="5">是否属于小型微利企业：　　　　是 □　　　　否 □</td></tr>
<tr><td colspan="5">谨声明：此纳税申报表是根据《中华人民共和国企业所得税法》《中华人民共和国企业所得税法实施条例》和国家有关税收规定填报的，是真实的、可靠的、完整的。

法定代表人（签字）：　　　　年　月　日</td></tr>
</table>

<table>
<tr><td>纳税人公章：
会计主管：

填表日期：　　年　月　日</td><td>代理申报中介机构公章：

经办人：

经办人执业证件号码：

代理申报日期：　　年　月　日</td><td>主管税务机关受理专用章：
受理人：

受理日期：　　年　月　日</td></tr>
</table>

项目11

企业年报训练

你的目标

理解企业年报是什么；熟悉企业年报的主要内容和办理流程；掌握网上年报的填报方法等。

学做合一

1. 年报公示对象

凡上一年12月31日前（含12月31日）在各级工商行政管理部门核准登记的法人企业和非法人企业（即当年设立的企业无须参加年报），包括有限责任公司、股份有限公司、非公司企业法人、合伙企业、个人独资企业及其上述分支机构，个体工商户，农民专业合作社，在中国境内从事生产经营活动的外国（地区）企业，以及其他经济组织，必须在规定期限内报送年度报告并对外公示。

2. 年报时间

企业应当于每年1月1日至6月30日，报送上一年度年度报告，并向社会公示。

3. 年报内容

（1）企业年度报告内容包括以下方面。

① 有限责任公司股东或者股份有限公司发起人认缴和实缴的出资额、出资时间、出资方式等信息。

② 企业从业人数、通信地址、邮政编码、联系电话、电子邮箱等信息。

③ 企业开业、存续、停业、清算等经营状态信息。

④ 对外投资设立企业信息。

⑤ 网站或者网店的名称、网址等从事网络经营的信息。

⑥ 企业资产总额、负债总额、销售总额、主营业务收入、利润总额、净利润、纳税总额、所有者权益合计信息。

前款第①～⑤项信息应当公示；第⑥项信息由企业选择是否公示。

（2）农民专业合作社年度报告内容包括以下方面。

① 登记注册事项变动情况。

② 生产经营情况。

③ 资产状况。

④ 联系方式。

⑤ 获得的资格资质许可情况。

⑥ 国家工商行政管理总局要求报送的其他情况。

企业对报告内容的真实性、合法性负责。

4. 网上年度报告填报步骤

（1）报送途径。直接在浏览器的地址栏输入网址：http://www.jsgsj.gov.cn:58888/province/。

（2）检查浏览器。目前企业信用信息公示平台可使用以下浏览器，其他浏览器不稳定，可能影响系统部分功能的正常使用。

① IE浏览器：IE 9、IE 10。

② 火狐浏览器。

如果浏览器禁止任何弹出窗口，请把它取消。比如，使用的是IE浏览器，如果拦截弹出窗口，会有如图11.1所示的提示。

阻止了一个弹出窗口。要查看此弹出窗口或其他选项，请单击此处...

图11.1 拦截弹出窗口提示

单击后选择“总是允许来自此站点的弹出窗口”选项即可。

（3）网上年度报告简单流程示意图如图11.2所示。

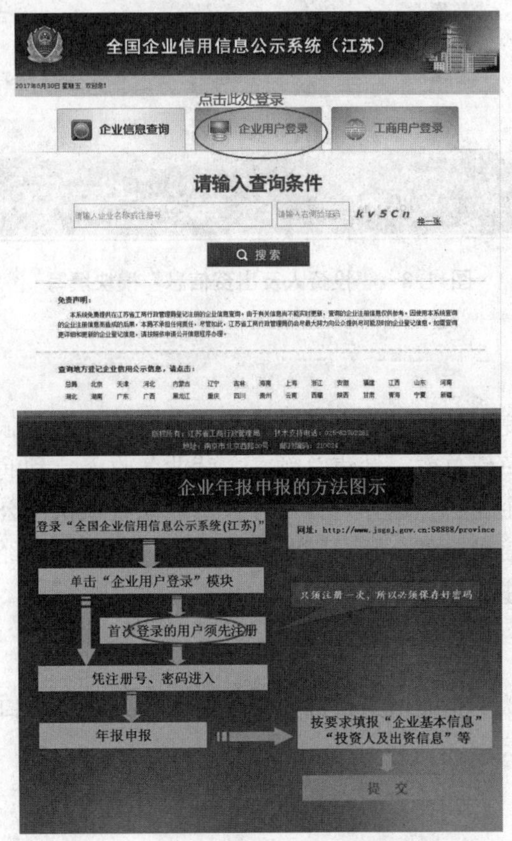

图11.2 网上年度报告简单流程示意图

（4）特别说明。

“投资人及出资信息”模块的填写（分支机构没有此模块）。

投资人及出资信息属于强制公示信息，必须填写完整。

填写每一个投资人出资信息数据，需将股东名称、证件号码、股东认缴、认缴出资额、认缴出资方式、认缴出资时间、实缴出资额、实缴出资方式、实缴出资时间依次填入完成后，方可完成一个投资人的完整出资信息，然后才能再增加一个新的投资人。

如图11.3所示，投资人完成1-1步骤后，进行1-2步骤时，需先选中1-1步骤中的“股东名称”后单击1-2中“增加”栏，进行1-2栏内操作；进行1-3步骤时，需先选中1-1步骤中的“股东名称”后单击1-3中“增加”栏，进行1-3栏内操作。

增加另一股东，重复1-1、1-2、1-3操作步骤。

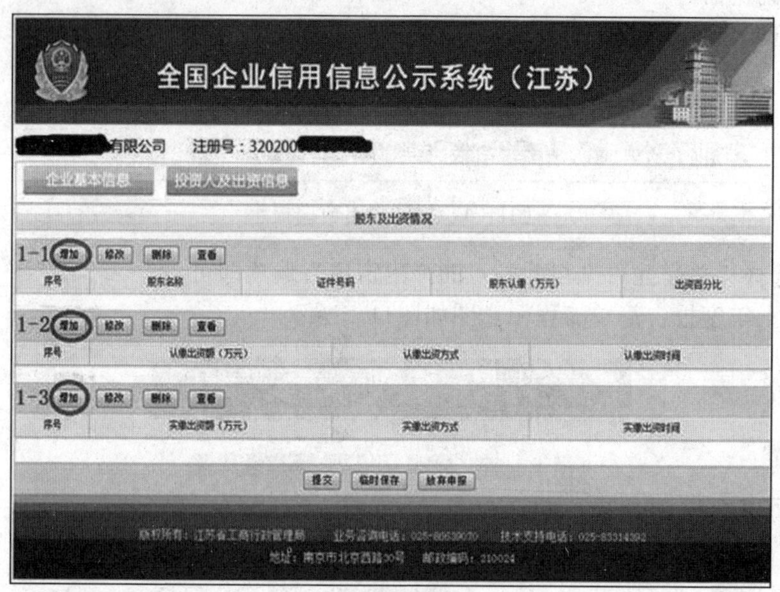

图11.3　“投资人及出资信息”模块填写

5. 年报信息公示

按照系统所列内容完整填报、提交后，年报完成即对外公示。其中企业申报的资产状况信息包括资产总额、负债总额、销售总额、主营业务收入、利润总额、净利润、纳税总额、所有者权益信息由企业自主选择是否对外公示，系统默认不公示，建议企业可以选择将部分或全部资产状况信息对外公示，因为其能反映一个企业的经营情况，对评价企业信用状况能起到良好的促进作用。

6. 年报信息查询

完成年报的企业可从“企业信息查询”模块进入公众查询端口，直接查询本企业年报公示信息，如图11.4所示。

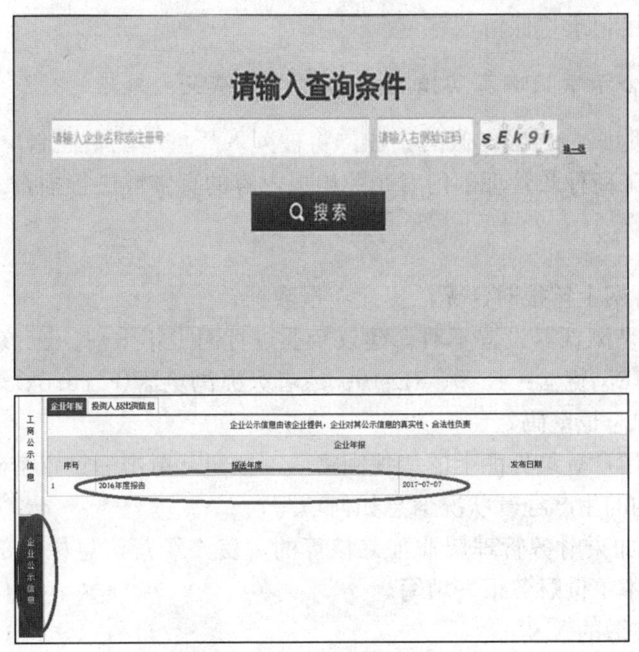

图11.4　年报信息查询

7. 发现填报错误后如何修改

如需修改，在用户登录后，单击图11.5所示左下角的“信息纠错”模块。

图11.5　单击“信息纠错”模块修改信息

8. 年报费用

企业自主网上申报年报信息，无须缴纳费用。

9. 对未按规定履行年报义务的企业如何处理

未在规定时间内完成年报公示的企业，在“公示系统”上以“经营异常名录企业”进行公示。进入经营异常名录的企业在补报年报后可向登记机关书面申请从“经营异常名录”移出，但该信用记录将保留。

10. 对在年报公示中隐瞒真实情况、弄虚作假情况的处理

在公示信息中隐瞒、弄虚作假的企业，将被列入严重违法企业名单，并通过“公示系统”向社会公示。工商行政管理部门对企业申报内容的真实性进行抽查。

11. 常见问题

（1）企业进行网上年报时，无法提交年报数据？

答：主要原因是浏览器设置不对。建议企业进行网上年报前，应该对计算机作相关设置。浏览器应使用IE浏览器：IE 9、IE 10；或者火狐浏览器(Firefox)。

（2）企业用户忘记密码？

答：通过企业用户登录界面上的“找回密码”按钮，单击后重置密码就可以。

（3）分支机构的生产经营状况信息如何填写？

答：分支机构如果财务管理属非独立核算的，资产经营信息栏全部填写“0”。如果属独立核算的，按本单位财务报表填写。

（4）认缴和实缴的含义。

答：认缴的出资是指公司设立时各股东根据公司章程所承诺提供的资本数额；实缴的出资是指股东实际提供给公司的资本数额。即认缴额是各出资人按章程自我约定的出资额，而实缴额是指依据经过会计师事务所询证后所出具的验资报告掌握的实际缴付的出资额。

（5）提交后出现“某股东认缴额与出资额不符”的提示。

答：“投资人及出资信息”填写方法不对。因填写方法不对，认缴额未计入投资人的出资额。具体方法参见以上第四大点“网上年度报告填报步骤”中第（4）点“特别说明”。

参 考 文 献

[1] 企业会计准则编审委员会. 企业会计准则应用指南（2017年版）[M]. 上海：立信会计出版社，2017.

[2] 洪从凤. 工业企业会计实账演练[M]. 上海：立信会计出版社，2014.

[3] 陈美兰. 企业实账演练（升级版）[M]. 北京：人民邮电出版社，2012.

[4] 姚净，吴涛，李氟. 会计学原理模拟实习[M]. 3版. 上海：立信会计出版社，2017.

[5] 史新浩，李梅. 会计基础实训[M]. 北京：清华大学出版社，2012.

[6] 甄立敏，张亚兵. 会计综合实训[M]. 2版. 北京：人民邮电出版社，2015.

[7] 杨青，刘军. 现代企业会计模拟实验教程[M]. 广州：广东经济出版社，2011.

[8] 戴佳荣，王生根. 财会基本技能训练[M]. 苏州：苏州大学出版社，2010.